高校本科教育教学审核评估理论与实践

王桂林　程桂龙　刘旭　著

电子工业出版社·

Publishing House of Electronics Industry

北京·BEIJING

内 容 简 介

教育评估事关教育发展方向。本科教育教学审核评估是推动高等教育高质量发展的重要策略和关键举措。本书以高校本科教育教学审核评估为主题，在全面分析高校本科教育教学审核评估的理论背景和实践背景基础上，从高等教育内涵式发展需求和审核评估工作实际出发，系统探讨了高校本科教育教学审核评估的基本理论、演进历程、基本原则与价值取向、内容维度与基本方法、组织管理与保障机制，剖析了实践中面临的困境与挑战，梳理了国内部分地区的评估经验，提出了有针对性的评建策略与展望。

本书可为高等教育管理者、教育教学质量建设者及高等教育教学研究者提供理论参考与实践借鉴。

图书在版编目（CIP）数据

高校本科教育教学审核评估理论与实践 / 王桂林，

程桂龙，刘旭著. -- 北京 : 电子工业出版社，2025. 8.

ISBN 978-7-121-50897-4

Ⅰ. G649.2

中国国家版本馆 CIP 数据核字第 202559DP44 号

责任编辑：刘小琳　　　　　特约编辑：朱言
印　　刷：北京天宇星印刷厂
装　　订：北京天宇星印刷厂
出版发行：电子工业出版社
　　　　　北京市海淀区万寿路 173 信箱　　邮编：100036
开　　本：720×1 000　1/16　印张：14.25　字数：242 千字
版　　次：2025 年 8 月第 1 版
印　　次：2025 年 8 月第 1 次印刷
定　　价：78.00 元

前 言
Preface

质量保障是推动高等教育发展的生命线。本科教育作为高等教育的基石，其教育质量直接关系到高校的内涵式发展，以及高等教育规模、结构、质量、效益的全面提升。本科教育教学审核评估作为保障和提升高等教育质量的重要手段，其重要性不言而喻。它不仅关系到高校自身的发展定位和人才培养质量，更与国家的教育战略布局及社会对高素质人才的需求紧密相连。

回顾我国高等教育的发展轨迹，本科教育教学审核评估从无到有、从初步探索到逐步成熟，经历了多个发展阶段。早期，我国高等教育评估主要借鉴国外经验，同时结合国内教育实际情况，在局部地区和部分高校开展试点工作。随着时间的推移，评估体系逐渐完善，政策法规不断健全，评估范围也从单一的教学领域扩展到教育教学的各方面。在审核评估的推动下，高校本科教育教学质量和人才培养质量得到了显著提升。因此，开展高校本科教育教学审核评估的相关研究，有助于系统剖析高校本科教育教学审核评估的理论与实践模式，构建具有中国特色的高校本科教育教学内部质量保障体系，形成高校自我质量提升的内生动力，从而全面提高我国高校本科教育教学的整体水平。

本书以"高校本科教育教学审核评估"为主题，对我国高校本科教育教学审核评估的理论、实践，以及经验进行全面、深入的分析与研究。在理论层面，深入研究高校本科教育教学审核评估的基本背景、基本理论、演进历程、基本原则与价值取向，以清晰地了解审核评估产生的时代背景、理论基础及其在高等教育质量保障体系中的地位和作用，达成对高校本科教育教学审核评估的共识；在实践层面，论述了高校本科教育教学审核评估的内容维度与基本方法、组织管理和保障，并对我国高校本科教育教学审核评估进行审视，探索具体实践中面临的困境、挑战，以便充分了解我国高校本科教育教学审核评估的实践现状；在经验借鉴层面，深度剖析了国内部分地区本科教育教学审核评估的主要举措，并从中探寻基本经验。基于对高校本科教育教学审核评估理论与实践的分析，加之对国内部分地区本科教育教学审核评估基本经验的借鉴，提出高校本科教育教学审核评估的评建策略，并进行了思考与展望。

高校本科教育教学审核评估与高校内部质量保障体系建设紧密关联，审核评估为高校内部质量保障体系建设提供了外部动力和参考标准，是提升高校本科教育教学质量的重要举措。基于对国外高等教育教学审核评估基本趋向的审视，本书对我国本科教育教学审核评估的未来走向进行思考与展望，明确新时代我国高校本科教育教学审核评估的发展趋势。新一轮高校本科教育教学审核评估①（简称"新一轮审核评估"）更加注重完善评估体系、健全内部质量保障体系、建设第三方评价、学生发展及技术变革。本书立足未来我国高等教育的发展趋势，以及高校本科教育教学审核评估工作的发展趋势，从新视角提出助力我国高等教育人才培养水平提升和长效发展的构想与思路。

高校本科教育教学审核评估是我国高等教育质量保障体系的重要组成部分。首轮高校本科教学审核评估已经取得了显著的成绩，为提高高校本科教育教学质量发挥了重要作用。然而，面对新时代新的使命、挑战和机遇，审核评估仍需不断完善和创新。站在新的历史方位，亟须对审核评估工作进行重新思考与布局，通过继续借鉴国内外先进经验，结合我国高校本科教育教学的实际情况，持续推进高校本科教育教学审核评估的改革与发展，使我国高校本科教育教学质量得到进一步提升，为国家培养更多高素质创新型人才，推动我国高等教育事业迈向新的高度。期望本书能为高等教育研究者、高校教学管理人员及广大教师提供新的思路和理念，为提升高校本科教育教学与人才培养质量贡献新策略。

编著者
2025 年 2 月
于南山

---

① "新一轮高校本科教育教学审核评估"的全称是"普通高等学校本科教育教学审核评估（2021—2025）"，是相对于 2014—2018 年组织实施的普通高等学校本科教育教学工作审核评估而言的。

目 录
Content

第一章

高校本科教育教学审核评估的基本背景

　　随着我国高等教育的发展，本科教育教学审核评估作为新的评估模式应运而生。我国高校本科教育教学审核评估是在深入总结国内既有评估实践经验、并广泛汲取国外先进评估理念的基础上提出的新型评估模式，旨在进一步优化我国高等教育评估体系，其不仅具有深厚的理论背景，而且拥有坚实的实践基础。正是基于对我国高等教育评估理念与实践认识的深化，促进了高校本科教育教学审核评估的发展。

第一节　高校本科教育教学审核评估的理论背景

　　我国高校本科教育教学审核评估吸纳了国际高等教育评估的先进理念，既保持了与国际高等教育质量评估模式的发展共性，又彰显了我国高校本科教育审核评估工作的自身特色，加之我国在本科教育教学评估方面的长期改革实践，人们对于高等教育教学审核评估的认识更加全面和科学。与此同时，第四代评价理论、元评价理论及成果导向理论为高校本科教育教学审核评估工作的开展提供了科学的理论指导。

一、对高等教育教学审核评估认识更加全面科学

　　当前，在全球化的时代浪潮下，高等教育的国际化趋势日益显著，各国高等教育之间的相互学习与共同进步，已然成为高等教育发展的重要特征。同时，由于各国国情、社会制度各异，其教育发展理念也各不相同，教育评估理

念呈现出明显的制度依赖特征。我国高校本科教育教学审核评估，既借鉴了国外高等教育质量评估模式的先进经验，又结合了我国高等教育发展的具体实践，实现了国际高等教育质量评估的共性与我国高等教育审核评估的个性的有机统一。

（一）国际高等教育审核评估模式的重要启示

随着国外高等教育质量评估体系建设的不断完善，世界各国形成了一定的典型模式，其评估理念和评估经验值得借鉴。当前，认证评估、分等评估、审核评估这三种教育评估模式是国际高等教育评估领域普遍认同的具有权威性和影响力的教育评估模式。其中，认证评估是起源最早、历史最悠久的评估模式，其核心在于对"资格"的确认，基于认证模式的评估活动被称为认证评估。依据认证对象的差异，认证评估可进一步细分为院校认证、专业认证两大类别，院校认证是对整个学校的认证，专业认证是对某个专业的认证[①]。认证评估虽能使教学质量得到一定保证，但认证过程常常伴有不透明性，且认证方法刻板，难以真正发现高校在人才培养过程中存在的问题，因此，认证评估模式未能得到国际高等教育领域的高度认可。由于认证评估模式不足以完全保证高等教育教学质量的提升，其他类型的评估模式也相继涌现并发展起来。分等评估是对认证评估的发展，"分等"即为对"水平"的评定，以分等为基础的评估就是分等评估。分等评估与认证评估不同，认证评估往往采用单一评价指标对学校教育教学进行定性评定，而分等评估所选取的评价指标体系更为丰富，其评价指标体系囊括了 20 多个等级，并要求每个等级必须给定具体分数，更加强调对评估的量化，体现了对办学的投入和对产出的侧重，加大了评估成本。审核评估作为一种新型评估模式，代表了认证评估与分等评估之后的更高阶段与更严标准。该评估模式的核心在于对"现状"的核实与校验，基于审核框架下的评估活动统称为审核评估。依据审核主体的差异性，审核评估可以细分为外部审核与内部审核两大类别。其中，外部审核也称外审，是指由独立于学校之外的机构所开展的审核活动；而内部审核也称自评，则是指由学校

---

① 张晓鹏：国际高等教育评估模式的演进及我们的选择，《中国大学教学》，2009 年第 3 期，第 90-93 页。

内部自行组织的审核过程。审核评估的显著特点在于其自我参照性，它摒弃了其他评估模式所采用的固定且统一的评判准则，赋予了被评估学校极大的自主性，使得每所学校都能依据自身的标准来评估其教学质量及办学成效[1]，这充分尊重了高校办学的自主权，有利于推动高校特色办学和多样化发展。

认证评估、分等评估和审核评估虽有时间先后之分，但不能一概而论地断言后一种评估模式必然取代前一种评估模式，这三种评估模式各具特色，并且存在一定的相通之处，有相互渗透、取长补短之势。对于我国高校当前的评估来说，大部分高校已经完成了本科教学工作水平评估，基于国际高等教育评估的发展趋势及我国新一轮审核评估的要求，采用审核评估模式更符合我国高等教育的实际需求。因此，我国在新一轮高校本科教育教学评估中，通过采用审核评估模式，来促进高校自我完善和持续发展，同时根据学校类型和质量状况，灵活运用不同的评估模式，以实现评估功能的最优化，这正是国际高等教育评估模式对我国高等教育教学评估的重要启示。

（二）我国高校本科教育教学评估理念认识的深化

除借鉴国际高等教育主要评估模式的有益经验外，我国在本科教育教学评估方面的长期改革实践，也在不断丰富和深化本科教育教学评估工作的内涵，这为开展本科教育教学评估提供了重要的理论基础。我国高等教育教学评估始于 20 世纪 80 年代，1985 年，《中共中央关于教育体制改革的决定》首次明确提出高等教育教学评估的构想，自此一系列试验性的教学评估活动相继启动。经过 40 年的发展和完善，我国已逐步建立了具有中国特色的本科教育教学评估制度体系，并且凝聚了 5 个方面的基本经验，即评估研究与实践互促、分类分批针对性强、院校自评可靠、软硬指标结合灵活及重视质量文化和意识[2]。

在我国高校本科教学评估制度理论构建的基础上，教育部于 2013 年发布

---

[1] 冉源懋：国际视野下的审核评估及其反思，《西南交通大学学报（社会科学版）》，2017 年第 18 卷第 2 期，第 59-63 页。

[2] 王冀生：我国现代大学教育评估，《高教探索》，1998 年第 4 期，第 30-33 页。

《普通高等学校本科教学工作审核评估方案》，决定从 2014 年至 2018 年开展普通高校本科教学审核评估工作，要求凡参加水平评估获得"合格"及以上的高校都应参加审核评估，对于新建的本科院校，在合格评估中获得"通过"结论的，5 年后也须参加审核评估[①]。2018 年 7 月，全国范围内已有 560 所高等院校参与了审核评估工作，此轮审核评估工作显著见效，对高等教育的内涵式发展与质量优化起到了强有力的促进作用。鉴于我国高等教育领域出现的新趋势及审核评估过程中涌现的新挑战，自 2021 年年初起，新一轮的审核评估方案被正式推出并执行。该方案吸收了以往审核评估的有益经验，弥补了上一轮审核评估的缺陷，并依据当前高等教育质量保障体系的发展状况和实际需求，着重强调了分类评估的核心理念，合理设定了分类评估的维度，并进一步细化了分类评估的各项具体指标。

纵观我国高等教育评估模式的发展，不同形态的评估从本科教学工作的制度化建设开始，经过不断的实践和反思，最终在 2011 年形成了"五位一体"评估制度，并确定了以审核评估作为主的评估模式，这一转变不仅反映了评估制度的完善，还体现了我国高等教育评估理念内涵的深化。可以说，我国高校本科教育教学评估除借鉴国际高等教育主要评估模式的有益经验外，还立足于我国自身长期的本科教学评估工作改革实践，是对我国高校本科教学评估理论认识水平的新提升。从最初的探索试点到"三合一"的水平评估，再到现今的审核评估，不仅是我国高校本科教学评估实践的新探索，更是对我国高校本科教学评估理念认识的深化：一是评价主体由一元主导转向多元参与；二是评价价值取向由鉴定甄选转向导向激励；三是评价指标体系由单一化外在指标转向分类化内涵式发展；四是评价结果运用由"鉴定达标—奖惩并用"转向"诊断问题—持续改进"；五是评价话语体系由移植依附转向特色创新[②]。因此，审核评估是基于我国高等教育评估的丰富实践经验，在精准把握我国高等教

---

① 陆根书，贾小娟，李珍艳，等：改革开放 40 年来中国本科教学评估的发展历程与基本特征，《西安交通大学学报（社会科学版）》，2018 年第 38 卷第 6 期，第 19-29 页。

② 程耀忠，刘仁金，陈尚达：新中国成立以来高等教育评价制度改革的历史演进及逻辑理路，《黑龙江高教研究》，2023 年第 41 卷第 4 期，第 45-50 页。

育改革发展阶段性特征的基础上，所提出的一种新型评估模式，构成了一套系统且全面的本科教育教学评估体系。这一评估模式的提出，不仅标志着我国高等教育评估领域取得了重大进步，更体现了我国高校本科教育教学评估理念的纵深发展，彰显了我国在高等教育质量保障与提升方面的积极探索与显著成就。

二、高等教育教学审核评估理论更加丰富多元

高等教育教学审核评估的开展离不开科学的理论指导。随着人们对高等教育教学评估认知的不断深化及实践范畴的广泛拓展，高等教育教学审核评估理论更加丰富多元。作为与高等教育质量保障密切相关的理论，第四代评价理论、元评价理论和成果导向理论，从不同维度为我国本科高校教育教学审核评估工作的开展提供了理论支撑。

（一）第四代评价理论

西方教育评价理论的发展大致经历了测量时代、描述时代、判断时代与建构时代四大阶段[①]。尽管前三代评价理论在各自的演进进程中，均致力于弥补前代评价理论的不足，并力求使之与时代发展的需求相契合，然而，它们仍束缚于管理主义的桎梏之中，仍具有价值单一性、科学范式依赖性等缺陷。因此，第四代评价理论随之产生。1989 年，林肯和古巴共同出版了 *Fourth Generation Evaluation*，该著作在深刻反省并批判传统评价理论框架的基础上，首次提出了"第四代评价理论"。第四代评价理论是以建构主义模式为基础，以发展性评价为核心，通过分析利益相关者的主张、焦虑及争议这三个维度来收集评价所需的有效信息，重视评价主客体的价值观念，倡导评价的共同构建、全员参与及价值多元等评价理念与方法的评价模式。第四代评价理论具有三大显著特征：首先，从本质上看，第四代评价理论实际上是一个心理构建的过程，经

---

① 卢立涛：测量、描述、判断与建构——四代教育评价理论述评，《教育测量与评价（理论版）》，2009 年第 3 期，第 12-17 页。

由"协商"机制达成，这就要求评价者秉持价值多元的理念，广泛吸纳各方意见，调和不同价值标准间的差异，逐步缩减意见分歧，直至形成广泛认可的一致结论；其次，从评价主体看，第四代评价理论强调全面参与的原则，即所有参与者均有权发表见解，且在评价过程中，所有参与者均处于平等、协作的关系之中；最后，从评价方法看，第四代评价理论主张"回应—协商—共识"的构建型方法论，强调在自然情境下与评价利益相关者协商达成共识，而非传统控制型方法论的求真去伪[1]。

第四代评价理论是在前三代评价理论的基础上提出来的，旨在弥补现有评价技术和手段的缺陷，建立科学的更加适合教育教学领域的评价手段。第四代评价理论认为，教育评价是具有不同价值观的多元参与主体通过"回应"与"协商"实现共同的"心理建构"的过程。这对我国高校本科教育教学的审核评估理念及实践方法产生了深远启示：首先，在流程构建上需要强化反馈机制；其次，在评价流程中应重视互动交流；最后，在评价手段上倡导多元化融合。总的来说，第四代评价理论较好地适应了高校本科教育教学审核评估的现实需求，为审核评估提供了理论基础。积极采纳第四代评价理论提出的强调"回应"、注重"共同构建"、强调"协商"等理论，可有效解决高校本科教育教学审核评估过程中的现存问题，助力高校本科教育教学审核评估效果的逐步提高。

（二）元评价理论

元评价理论起源于 20 世纪 60 年代的美国，评价专家 Michael Scriven 首次使用了"元评价"一词，元评价理论是指对于一项评价活动、评价系统或者评价工具的评价[2]。元评价主要包含两种核心模式：总结性元评价与形成性元评价。具体而言，总结性元评价主要是经验归纳，评价结束后通过对评价方案、

---

① 卢立涛：测量、描述、判断与建构——四代教育评价理论述评，《教育测量与评价（理论版）》，2009年第3期，第12-17页。

② 马永霞，仇笛熙，葛于壮：基于元评价视角的高校人文社科成果评价研究——以国社科成果评价为例，《教育科学》，2021年第37卷第6期，第68-77页。

评价过程和评价结果进行全过程、多要素的梳理，判断评价实施效果，分析总结可能存在的问题，提出相应的优化建议；形成性元评价主要是行动指引，在评价实施过程中乃至更早的筹备阶段，以元评价确立的"良好评价"标准、程序等为依据，通过对评价活动的管理控制，保证评价过程有序展开和设定目标顺利实现。

元评价理论因关注教育评价质量及其科学性反思，在教育评价领域率先获得承认并快速发展①。元评价的构成要素及标准涉及评价方案评估、评价实施过程评估、评价结果与效果评估。评价方案评估具体包括：确保评价对象界定清晰，目的准确无误；评价标准应合乎逻辑，基于充分证据，表达明确，且指标体系结构与内容应反映评价需求，权重分配合理；评价规划需精心设计，安排妥当；所采用的评价技术应科学可行，信息的收集、分析与处理方法应适当，量表设计应科学且具备可操作性。评价实施过程评估具体包括：评价机构应完备，职责划分明确；领导层和成员在组织与领导评价过程中应表现出专业能力，指导方向和思想正确；评价人员应有效履行职责，保持行动一致性，严格遵循方案要求，客观公正地执行评价；评价过程应符合伦理标准；被评价者应对评价有正确理解，展现出积极态度，主动配合完成评价，并提供完整资料。评价结果与效果评估具体包括：评价结果需确保具备可靠性和有效性，这要求信息分析及处理流程详尽，辅以必要的抽样复核手段，以验证评价的高信度与效度；同时，结果的阐释需合理，所得结论恰当且需获得被评价对象的认同，确保评价功能得以有效施展，并对被评价对象产生积极正面的影响；评价应具备实用性和时效性；评价的资源投入应合理，且在社会上获得良好反响。当前，元评价理论在国际评价领域获得广泛的认可与采纳，在一定程度上成了衡量评价活动专业化水准及科学性的重要"标尺"。

高校本科教育教学审核评估作为新一轮教育评价的标准，它与元评价理论之间存在着相辅相成的关系。元评价理论为教育评价提供研究对象，是评估健康发展的关键。元评价理论的目的不仅在于对评估过程提供全面总结性的

---

① 王学俭，施泽东：元评价：思想政治教育评价发展的新进路，《新疆师范大学学报（哲学社会科学版）》，2022 年第 43 卷第 3 期，第 31-42 页。

反馈来影响决策，而且在于对评估过程的各个阶段衔接处提出改进性建议，以便及时纠正评估的偏差。元评价理论旨在通过深入反思与超越现有的评估理论、实践框架及体制界限，拓宽评估研究的学术视野，强化评估活动的合法性基础、明确其目的性导向，并揭示其内在规律，进而确保并促进评估整体质量的提升。深刻理解元评价理论的价值，意味着只有通过持续的批判和反思，才能发现不足之处，以便进行进一步的修改完善，才能为审核评估创造新的发展机遇，进而促进教育事业的持续进步。

（三）成果导向理论

成果导向理论由 Spady 在 1981 年提出，经过 40 多年的发展，已经形成了较为成熟的理论体系和实践模式。成果导向理论强调教育系统的重点应在于界定每个学生所预期达到的最终学习成果，其核心理念是所有学习者都能成功，学习应基于合作而非竞争，学校应成为帮助学生找到成功方法的教育机构[①]。成果导向理论在逻辑构建上呈现五层的"金字塔"式结构，该结构由一个范例、两项目标、三个前提、四项原则、五个实践要点构成。一个范例为学生擘画了一个明晰的愿景蓝图，界定了他们在专业领域所需具备的能力。两项目标聚焦于构建成果框架与营造有利于成功的环境与机会。三个前提包括坚信所有学生均有潜力学习并取得成功、认同学校活动对学生学习成果有直接影响、理解成功学习经历对学生后续的更大成就有强有力的推动作用。在操作层面，该理论遵循四项准则，即明确聚焦、逆向设计、设定高标准期望、拓宽发展机会。五个实践要点具体为：①确立具体可量的学习成果；②构建支撑这些成果的课程体系；③确定科学的教学策略；④进行自我参照评价；⑤逐级达到顶峰。采用成果导向理念以所有学习者均能达到成功为基石，通过实施"反向设计"的教育体系设计，从预期的学习成效出发，对课程体系及教学策略进行精细化调整，旨在提升人才培养的整体质量，这与审核评估提高教育教学质量的目标有相似之处。

可见，成果导向理论为审核评估提供了新的视角和思路。因此，在审核评

---

① 申天恩：基于成果导向理念的审核评估研究，《高等农业教育》，2015 年第 12 期，第 31-33 页。

估的实践中，应清晰聚焦学生学习成果，将其视为评估的中心和逻辑起点。首先要通过分析学生的学习成果，开展多角度、全方位的测评工作，以确保审核评估的准确性和有效性。这一过程遵循成果导向理念的向下设计原则，即从学生最终学习成果出发，反向设计整个教育体系。在审核评估的过程中，需综合考虑国家社会需求与人才培养目标实现程度，据此制定并适时调整学校宏观层面的人才培养战略规划，逐步向下渗透至教师教学大纲的构思与课堂教学活动的安排，确保教育教学的每个环节均紧密聚焦于提升学生的学习成效。同时，学校教育管理者及教学执行者应对学生寄予深切期望，视学生自入学起的整个学习历程为实现个人潜能的高水平挑战。为此，需运用先进的高等教育教学原理与技术手段，确保每个学生均能在通往成功的道路上稳步前行。总而言之，成果导向理念为审核评估提供了理论支持和指导方向，在审核评估的实践中，应充分借鉴和运用成果导向理论，确保评估工作的科学性、有效性和针对性。

第二节　高校本科教育教学审核评估的实践背景

一、高校本科教育教学审核评估推动高等教育发展进入新阶段

高校本科教育教学审核评估工作，不仅是科学理念指导下形成的成果，更是基于已有的丰富评估实践经验总结的产物，其发展呈现出显著的路径依赖特点。当前，随着我国高校本科教育教学审核评估工作的推进，我国高等教育发展步入新阶段，打造世界一流高等教育体系，推动高等教育实现内涵式发展，已成为新阶段的教育发展要求。

（一）实现高等教育内涵式发展的要求

高等教育发展水平是衡量国家发展水平与潜能的"标尺"，高等教育的质

量直接关系国家的长远发展与民族的未来命运。自 1978 年以来，我国高等教育领域发展迅速，然而，单纯的规模扩张并不等同于教育质量与教学实效的同步飞跃。因此，强化高等教育质量，选择内涵式发展路径，成为我国高等教育发展前进的关键方向。党的十八大报告明确提出"推动高等教育内涵式发展"，此后，我国高等教育的改革与发展工作便紧密围绕这一目标展开。党的十九大报告进一步提出，要"加快一流大学和一流学科建设，实现高等教育内涵式发展"，这为高等教育的发展提供了根本遵循。党的二十大报告指出"科技是第一生产力、人才是第一资源、创新是第一动力"。为此，必须深入实施科教兴国战略、人才强国、创新驱动发展战略，开辟发展新领域新赛道，不断塑造发展新动能新优势。可见，我国高等教育政策发展的逐步推进，选择内涵式发展作为方向是我国高等教育未来发展的趋势。

内涵式发展是与外延式发展相对应的概念，是指以提高教育质量为核心、以改善教育品质为中心的发展模式，是一种以创新人才培养模式、提升科研及社会服务能力为目标的高等教育发展模式。从"推动高等教育内涵式发展"到"实现高等教育内涵式发展"，既指明了高等教育的发展方向，又提出了新时代我国高等教育改革的重大课题[①]。高等教育教学审核评估作为高等教育质量保障的重要手段，在提升教育治理效能和治理能力方面发挥着重要作用。审核评估作为"五位一体"评估制度的重要内容，创造性地提出了"五个度"的本科教学质量评估标准，不仅强化了本科教育教学的中心地位，提升了高校人才培养质量，而且激发了高校办学内在驱动力，有效促进了高校的内涵式发展和质量提升。可以说，审核评估是实现高等教育内涵式发展的"新质生产力"，能够确保高等教育向内涵式方向发展。因此，我国高等教育内涵式发展离不开审核评估的支撑和保障。

（二）高校本科教育教学审核评估改革实践的基础

我国高校本科教学评估改革实践的深入为审核评估奠定了良好的基础。

---

① 石中英：高等教育内涵式发展的理论要义与实践要求，《国家教育行政学院学报》，2020 年第 9 期，第 7-15 页。

2014—2018 年的本科教学审核评估有效提升了我国在本科教学审核评估的国际地位，有效促进了教学质量和效益，还孵化了第三方机构，推动了本科教育教学的交流合作，完善了国家层面的本科教育教学大数据平台，构建了评估培训体系，成效显著[①]。这意味着新一轮审核评估并非另起炉灶，而是在吸取以往评估和上一轮审核评估的经验与教训的基础上，结合我国高等教育改革发展面临的新挑战，汇聚各阶段优势精心编制而成的。

正是基于这种认识，教育部印发的《普通高等学校本科教育教学审核评估实施方案（2021—2025 年）》，强调新一轮审核评估需贯彻国家层面对教育评价改革作出的全局性战略部署，大力构建中国特色高等教育质保体系，满足本科教育教学评估革新需求，并与国际高等教育的发展趋势相契合。这对促进本科教育教学评估的"深化改革"，提高人才培养水平发挥了重要作用。在综合以往评估实践的基础上，新一轮审核评估借鉴了国际先进的评估理念，构建了一套科学完备的评估体系。该评估体系的核心在于对教育机构在人才培养目标及其实现成效方面的综合评价，其宗旨在于促进人才培养的多元化发展，同时突出尊重高校的办学自主性，充分体现学校在提升人才培养质量过程中的主导作用。由此可见，高校本科教育教学评估的改革实践发展——评估体系的持续优化与评估活动的有序推进，为高等教育教学质量审核评估奠定了实践基础，确保了高校本科教育教学审核评估工作的有效实施。

（三）审核制度凸显特色发展、分类施策

新一轮审核评估以习近平新时代中国特色社会主义思想为指导，全面贯彻党的教育方针，坚持教育为人民服务、为中国共产党治国理政服务、为巩固和发展中国特色社会主义制度服务、为改革开放和社会主义现代化建设服务，致力于建立既符合中国国情，又具备国际水平的本科教育教学质量保障体系。大力推动评估工作的分类实施，通过以评促建、以评促改、以评促管、以评促强，激励高等院校积极塑造自觉、自省、自律、自查、自纠的质量文化，致力

---

① 陆根书，贾小娟，李珍艳，等：全国普通高校本科教学工作审核评估：成效、问题与发展策略，《大学教育科学》，2020 第 2 期，第 90-96 页。

于构建具有中国特色、国际水准的本科教育教学质量保障体系。在新一轮审核评估中，实施分类指导是贯彻执行《深化新时代教育评价改革总体方案》和推动高校分类评价要求的具体实践，这也是新一轮审核评估的创新所在。基于此，各高校应避免出现盲目攀比的心态，积极发掘自身独特优势，采取分类策略，实现精准评估与建设。新一轮审核评估的开展充分体现了中国特色和中国方案，有助于本科教育教学实现特色、创新发展。一方面，积极推进高校实现办学的自主权和学术资质权利，不断完善和明确高校的发展方向；另一方面，要在实际评估过程中，更加强调高校是办学质量的责任主体。总之，高校评估走特色发展的战略，突出了高校在评估过程中的主体地位，是高校生存长久的必然选择，也是落实分类施策的有效举措。

二、教育评价改革对高校本科教育教学审核评估提出新要求

自 2020 年中共中央、国务院印发《深化新时代教育评价改革总体方案》，提出"改进结果评价，强化过程评价，探索增值评价，健全综合评价"的目标以来，在教育主管部门和各级各类高等学校的努力下，教育评价改革逐步向纵深发展，其成效已初步显现。未来要深化教育评价改革，就要继续"紧扣建设教育强国目标，深化新时代教育评价改革，构建多元主体参与、符合中国实际、具有世界水平的教育评价体系"。新时代教育评价改革的发展，对高等教育评估提出了新的要求。

（一）教育评价改革凸显本科教育新使命、新要求

新时代，高质量的教育评价已成为高等教育的迫切需求。尽管我国高等教育评价工作已取得显著进步，但仍存在一些问题。2018 年 9 月，习近平总书记在全国教育大会上发表重要讲话，强调要深化教育体制改革，健全立德树人落实机制，扭转不科学的教育评价导向，坚决克服唯分数、唯升学、唯文凭、唯论文、唯帽子的顽瘴痼疾，从根本上解决教育评价指挥棒问题。习近平总书

记关于教育的重要论述，凸显了教育评价改革的新使命、新要求。2020 年，中共中央、国务院发布的《深化新时代教育评价改革总体方案》明确提出，教育评价事关教育发展方向，有什么样的指挥棒，就有什么样的办学导向。作为贯彻中央教育评价改革精神的重点措施，本科教育教学审核评估必须依照新的评价改革要求，解决导向不明确、标准不科学、负担过重、整改不彻底等问题，持续优化本科教育教学工作，确保高等教育质量提升，以适应国际高等教育发展趋势。

（二）对高校审核评估提出新要求

近年来，教育评价改革推动了本科教育教学审核评估的多元化发展。过去，评价体系侧重成绩导向，导致教学过程中过分强调分数而忽视了学生能力的全面发展。如今，新的评价体系更加注重学生的综合素质和个性化发展，倡导建立以学生为中心的评价体系，实施多元化评价。

以学生为中心的评价体系要求高校关注学生全面发展，尊重学生个性，提高学生满意度。具体表现在以下几个方面：一是关注学生成长过程，评价体系应关注学生在校期间的成长经历，促进学生全面发展；二是注重学生能力培养，评价体系应强调学生能力的培养，提高学生社会适应能力；三是尊重学生个性发展，评价体系应充分尊重学生个性，为学生提供多样化的发展路径。例如，西部评估中心在组织实施陕西省属高校审核评估过程中，通过创建三大机制，落实学生中心、产出导向、持续改进三大理念，扎实推进陕西特色审核评估的研究与实践[①]。在贯彻"学生中心"教育理念下，陕西省高等教育机构精心构建了涵盖 23 项学生学习与发展关键指标的评价体系，并针对这些指标开发了相应的量化工具。陕西省高等教育机构持续追踪调查及分析陕西省内高等院校全体毕业生，深入探讨了如何优化学生的学习体验，并寻求推动学生全面发展的系统性策略。在此基础上，形成了一个三层级的嵌套优化机制，该机制围绕教师与学生资源的优化、资源间互动的优化及教学过程本身的优化展开。进

---

① 陆根书，李珍艳，徐菲，等：普通高校本科教学工作审核评估存在的问题及其改进策略，《江苏高教》，2020 年第 11 期，第 1-8 页。

而，建立了一套以学生学习与发展为核心的本科人才培养质量保障体系，目的是从根本上提升本科教育教学质量，并为实施审核评估提供技术支持和操作手段。这一系列措施为"学生中心"教育理念的审核评估实践提供了关键支撑和实施路径。

2018 年教育部发布的《关于加快建设高水平本科教育全面提高人才培养能力的意见》强调，需加强大学质量文化建设，一方面要完善质量评价保障体系，把人才培养水平和质量作为评价大学的首要指标，突出学生中心、产出导向、持续改进，激发高等学校追求卓越，将建设质量文化内化为全校师生的共同价值追求和自觉行为，形成以提高人才培养水平为核心的质量文化；另一方面要强化质量督导评估，通过督导评估，引导高等学校合理定位、办出水平、办出特色，推进教学改革，提高人才培养质量，并规范本科教学工作审核评估和合格评估。本科教育教学评估在引领高校确立正确的办学理念、规范办学行为、增加教学投入、优化办学环境、提升教育质量及激发办学新思路等方面扮演着风向标、保护罩和调节器的角色。因而在《关于实施基础学科拔尖学生培养计划 2.0 的意见》的扩展、增量、提质和创新过程中，致力于打造"金专""金课"和"高地"，均需依托以"评学"为方法论基石的本科教学质量保障体系构建和本科教学评估制度的革新。

三、新一轮审核评估迫切要求对原有评估体系进行改进升级

（一）新一轮审核评估的突出变化和精髓要义

2021 年，教育部正式印发了《普通高等学校本科教育教学审核评估实施方案（2021—2025 年）》，对"十四五"新发展阶段的普通高等学校本科教育教学审核评估工作作出了战略性、方向性的制度安排和整体部署[①]。在教育强

[①] 教育部教育质量评估中心：《普通高等学校本科教育教学审核评估（2021—2025 年）工作指南》，北京：高等教育出版社，2022 年，第 3-44 页。

国战略的宏观框架下，教育部继 2014 年至 2018 年首轮本科教学工作审核评估之后，正着手推进新一轮审核评估工作。此举旨在深化新时代教育评价体系改革，并作为推动教育督导改革的重要而切实的举措。新一轮审核评估坚持破立并举，将破除"五唯"顽瘴痼疾作为重点，提出以构建"立德树人"成效为根本标准的评估体系，并结合新时代本科教育的新要求，针对上一轮审核评估存在的短板进行优化。首先，在评估导向层面，新一轮审核评估呈现出鲜明的方向性，着重强调高校需坚持党的全面领导，将"立德树人"根本任务深度融入评估指标体系，确保这一理念贯穿评估工作各环节及全流程。其次，就评估内涵而言，相较于前一轮，本轮审核评估将"本科教学工作审核评估"升级为"本科教育教学审核评估"，着重凸显教育与教学的深度融合，旨在引导高校构建 "三全育人"（全方位、全过程、全员参与）体系，并贯彻落实"以本为本"的教育理念及"四个回归"的实践要求。再次，从评估类型视角来看，新一轮审核评估依据高等教育体系的整体布局与各高校的办学定位、服务面向及实际发展状况，灵活采用分类方法，为高校提供多样化的评估方案以供自主选择。然后，在评估方式上，本轮审核评估创新性地融合了线上与入校评估的一体化设计，实现了定性与定量评估的结合，以及明察与暗访等多种手段的互补。最后，就评估功能而言，新一轮审核评估不仅强化了评估的激励与监督效能，还积极征集、推广本科教育教学优秀示范案例，经教育部审议后向全国发布，以促进经验交流与学习。针对高校"重评估、轻整改"的问题，新一轮审核评估增设了督导复查阶段，并构建了问题清单制度及回溯性整改与复查机制，注重用好教育管理的"五条鞭子"（评估、督导、通报、挂钩、追责），推动高校持续整改。同时，评估结果可供多方共用，为教育行政决策提供参考。

（二）原有高等教育评估体系存在的问题

党的十八大以来，我国提出了一系列重大战略部署，加快构建具有中国特色的现代教育体系，实现教育现代化，高等教育在构建具有中国特色的现代教育体系中扮演着关键角色。然而，随着时代的发展和社会的进步，原有的高等教育评估体系已经无法完全适应当前高等教育面临的新要求和新挑战。

新时代新征程，高等教育不仅要满足经济建设和社会发展的需要，还要承担起培养具有国际竞争力的人才、传承人类文明、促进社会进步的历史使命。这就要求高等教育不仅要关注学术研究和技术创新，更要注重培养学生的综合素质和创新能力，使其成为适应未来社会发展的有用之才。尽管我国高等教育在过去几十年取得了长足的发展，但在评估体系方面仍存在不足之处。首先，"五唯"顽瘴痼疾现象依然严重，即过度依赖唯论文、唯帽子、唯职称、唯学历、唯奖项等量化指标进行评价，导致评估结果往往不能全面反映高等教育的实际情况。这种现象不仅扭曲了学术评价的标准，而且严重影响了教育质量的全面提升。其次，现有的评估体系往往过于注重形式上的标准化和量化，而忽视了对人才培养质量、科学研究水平、社会服务效能等深层次内容的考量。这不仅限制了高等教育机构的发展空间，还可能导致学校之间的同质化竞争，进而影响高等教育的整体质量。最后，评估过程缺乏足够的透明度和公众参与，使得评估结果难以获得广泛的社会认可和支持，降低了评估的实际效果。

面对上述不足，深化教育评价改革、推动高等教育高质量发展已经成为当务之急。2018 年，教育部办公厅发布了《关于开展清理"唯论文、唯帽子、唯职称、唯学历、唯奖项"专项行动的通知》，明确提出要深化高校体制改革，健全立德树人落实机制，扭转不科学的教育评价导向，推行代表作评价制度，注重标志性成果的质量、贡献、影响。这不仅是为了更好地指导和规范高等教育的发展，也是为了适应新时代对人才需求的变化。建立健全更加公平、合理、科学的高等教育评估体系，不仅能够准确反映高等教育的综合实力和办学水平，还能有效激励高校和教师聚焦人才培养的核心任务，真正回归教育的本质。为此，新一轮审核评估迫切要求现有评估体系进行改进升级，以更好地适应新时代背景卜高等教育发展的新要求。新一轮审核评估的提出，不仅是对过去评估体系的一次全面审视和反思，更是对未来高等教育发展方向的一次重要规划。只有不断深化改革和完善评估体系，才能确保我国高等教育事业持续健康稳定发展，为实现"教育强国"提供强有力的支撑。

（三）新一轮审核评估背景下高等教育评估体系改进的方向与措施

1. 建立多元化的评价体系

为了解决原有评估体系中的问题，首要任务是构建一个多元化的评价体系，以确保评价标准的全面和公正。这意味着要从多个维度出发，综合考虑教育质量、科研成果、师资力量、学生发展、社会服务等多个方面。在评价教育质量时，除了传统的教学质量和课程设置，还可以引入对学生学习成效、实践能力及创新创业精神的评价；在评估科研成果时，除了关注发表论文的数量和质量，还可以关注科研成果转化应用的情况及对社会的实际贡献；在考察师资队伍时，则应当同时考察教师的教学能力和科研水平，并且重视教师的职业发展和个人成长；对于学生发展而言，除了学业成绩，更应注重对其进行综合素质、批判性思维能力及团队协作精神等方面的培养；至于社会服务方面，则要考察高校是否能够积极回应社会发展需求，为地方经济建设和文化传承作出贡献[①]。此外，还需加强第三方机构的评估作用，通过引入独立第三方机构的专业评价，提高评估的客观性和公信力。

2. 优化评估流程与方法

为了确保评估工作的顺利进行，有必要对原有的评估流程和方法进行优化。一方面，可以采用线上与线下相结合的方式，利用信息技术手段提高评估效率。比如，通过建立专门的评估平台，收集和整理评估所需的数据和信息，减少人工操作的烦琐程度，同时也便于对数据的管理和分析[②]。另一方面，需要改进评估方法，采取定性评价与定量评价相结合的方式，确保评估结果的准确性和可靠性。定性评价可以采用专家评审、师生访谈等形式，深入了解高校的办学特色和发展潜力；定量评价则通过数据分析来衡量各项指标的表现情况。此外，还增加了评估过程中的互动环节，鼓励被评估单位主动参与到评估工作中来，通过自评报告、现场考察等方式充分展示自身的优势和特点。这样不仅有助于提升评估的透明度，也能增强评估结果的说服力。

3. 强化评估结果的应用与反馈

评估的目的在于发现问题并加以改进，因此，如何有效利用评估结果至关

---

① 邹秀楠：基于审核评估的高校内部教学质量保障体系研究，哈尔滨理工大学论文，2017 年。

② 李延保：高校教学评估的偏差与改进——从"重视本科教学"谈起，《河北师范大学学报（教育科学版）》，2020 年第 22 卷第 2 期，第 4-8 页。

重要。首先，要建立评估结果公开机制，定期发布评估报告，让社会各界了解高校的发展状况和存在的问题。其次，评估结果应当成为高校制定发展规划、调整资源配置、优化管理机制的重要依据。对于评估中发现的问题，高校应当及时采取整改措施，确保评估工作真正起到促进高校发展的作用。再次，还需要建立跟踪监测机制，定期对整改情况进行检查。然后，为了使评估结果更具指导意义，可以设立优秀案例分享会等活动，推广先进经验，激发高校间的良性竞争。最后，评估体系本身也需要不断完善，定期回顾评估标准和流程的有效性，并根据社会发展趋势和高等教育需求的变化进行相应调整。

因此，为了实现高等教育评估体系的改进升级，需要从建立多元化的评价体系、优化评估流程与方法、强化评估结果的应用与反馈这三个方面着手。通过这些举措，不仅能够解决原有评估体系中存在的问题，还能进一步推动我国高等教育向更加公平、高效和可持续的方向发展，为国家培养更多高质量高素质人才，助力中华民族伟大复兴的中国梦早日实现。

第二章

高校本科教育教学审核评估的基本理论

本科教育教学审核评估是推动高等教育高质量发展的重要举措。新一轮审核评估坚持分层分类推进，较好地契合了国际主流评估思想与导向。从全球范围来看，欧美国家自20世纪七八十年代就开始对高校进行分类评价。瑞典的教育评估在较短时间便取得了较好的效果，这与其在评估中坚持分层分类并充分考虑各高校不同办学特色密不可分。为推动高校更好地发挥服务社会功能，美国卡耐基高校分类评价在2005年推出社区参与高校分类，并参与相应评估①的方案，短时间内也取得了较好的效果。本科教育教学审核评估实践的丰富，促使理论研究同步进行。从体系架构来看，审核评估并不是对教育教学进行简单的评估、考察，而是基于一定理论基础之上，从实践到理论再到实践的循环推进，这些都奠定在充足的理论支撑之上。为此，有必要从核心概念界定、国内外理论基础等角度出发，梳理现有学理性成果，为高校本科教育教学审核评估提供理论支持。

第一节　高等教育教学审核评估核心概念

高等教育本科教育教学审核评估理念的形成同经济社会发展状况密切相关。可以说，审核评估建立在高校教育教学现代化建设的实际之中，对高等教育本科教育教学进行审核评估，需要在已有实践的基础上，对其关联的各种基本概念进行梳理。明确教育质量、专业评估、教学评估、本科教育教学审核评

---

① 曹问，刘珊珊：新一轮审核评估背景下新建普通本科院校参评策略，《重庆第二师范学院学报》，2022年第1期，第92页。

估等之间的区别，对其概念、范围、特性、影响因素等有清晰的认知，为教育教学审核评估工作的开展提供支撑。

一、教育质量

"质量"一词的内涵十分丰富，不同领域对质量的认知存在差异。ISO 9000质量管理体系对质量一词做了界定，认为质量是顾客对产品或服务的满意程度，是反映实体满足明确或隐含的能力的特性的总和。这一概念从最基本的产品价值角度进行了解释，认为质量好坏取决于顾客对产品的满意程度，是对产品功能的客观评价。随着高等教育的发展，对高等教育建设效果进行评价就成为一个重要问题，以什么样的标准、尺度衡量高等教育，正确评价高等教育建设状况成为学术界、教育界、社会面临的共同问题。这一问题是社会各界对教育投入状况进行客观评价的必然要求，也是更好地认识问题、发现问题、分析问题、解决问题的必要过程。《教育大辞典》中对教育质量的定义做了界定，认为教育质量是指教育水平高低和效果优劣的程度。最终体现在培养对象的质量上。衡量的标准是教育目的和各级各类学校的培养目标。前者规定受培养者的一般质量要求，亦是教育的根本质量要求；后者规定受培养者的具体质量要求，是衡量人才是否合格的质量规格[1]。这一界定对教育质量进行了区分，认为教育质量是对教育水平和教育效果的客观评价。对其评价的主要标准是看在教育过程中教育目的、培养目标是否实现，看人才培养是否达到预期，是否达到设定的标准。明确教育质量的概念之后，要对教育质量的影响因素有相应的认知。从教育质量评价来看，教育质量不是任何单一要素作用的结果，而是由诸多要素合力而成的，甚至包括学生家庭社会经济地位的影响等。因此对教育质量进行评估时，必须遵循整体性和增量评价的原则[2]。要从与教育质量密切相关的诸多要素入手，探讨影响教育质量的因素，从整体角度看待教育质量，从影响教育质量的短板分析可能左右其评价的环节，提升教育质量的整体效果。

---

[1] 教育大辞典编纂委员会：《教育大辞典》（第一卷），上海：上海教育出版社，1990年，第24页。

[2] 孙河川，郑弘：《学校教育质量评估标准研究》，北京：九州出版社，2015年，第8页。

在"质量""教育质量"等概念界定的基础上，进而衍生出"高等教育质量"这一概念。随着经济社会的发展，高等教育的普及率不断提升，截至2024年全国高等教育毛入学率已超 60%，社会各界对高等教育质量的重视程度也日益上升。国内外对高等教育质量的概念已经有一定研究，有学者认为，高等教育质量是高等教育机构在遵循客观规律与科学发展的自身逻辑基础上，在既定的社会条件下，培养的学生、创造的知识、提供的服务满足社会现实和长远需要的充分程度及学生个性发展的充分程度[①]。这一定义明确了高等教育质量的范围，认为高等教育质量与学生培养、知识创造、社会服务等方面密切相关，是社会不同部分关系概括的总和，高等教育质量好坏与学校教育教学水平密切相关，是高校内在教育质量的流程化管理和外在社会效应的服务效果展示的有机融合。高等教育质量评价要综合考察教育、科研、人才培养、社会服务等诸多方面。高等教育本身包括专科教育、本科教育、研究生教育等诸多方面，本书涉及的高等教育更多的是从本科教育这一维度出发，考察在本科教育教学过程中教育质量状况，不仅仅指学生的受教育状况，还包括学校的教育教学状况、学校的教育教学目标、教师的教学科研状况等方面。

二、专业评估

专业是高校学术体系的重要单元。要进行专业评估需要首先对专业的内涵加以区分。专业原意为专门研究，也即专门的技能或技巧。《辞海》中将专业界定为高等学校或中等专业学校根据社会专业分工的需要所分成的学业门类。简单来说，专业即专门的学业。专业是高等教育在人才培养过程中分工的结果，处在学科体系与社会职业需求的交叉点上[②]。概括来讲，专业是社会需求、社会利益、劳动分工和学科教育的产物。综合来看，专业需要具备三个要求。一是专业要以学科为依托。一般来讲，一个专业大都包含几个学科的知识，

[①] 陈玉琨：《关于高等教育质量本质的探讨》，北京：北京师范大学出版社，1998 年，第 22 页。

[②] 孙莱祥，宋彩萍，董雪静：《高校本科专业评估实践指南：上海的探索与经验》，北京：高等教育出版社，2019 年，第 1 页。

但往往以一个或几个学科为主。学科按照分类又可以分为一级学科、二级学科、三级学科等不同类型，其对应的专业又各不相同。进行专业认知、评估，要将其放到学科大背景之下。二是专业要适应经济社会发展需要。专业在一定程度上是社会需求的反映，会随着经济社会发展的不断变化而消涨。很多专业的名称在历史发展中都发生过变化，甚至部分专业在发展过程中会因为同经济社会发展进程不相适应而取消。近几年新增的人工智能、数据科学与大数据技术等专业就是随着人工智能技术的发展而逐步设立的，因此专业在一定程度上反映了社会对某些方面专业知识及人才供给的需求。三是专业需要有明确的目标和定位。专业虽然是随着经济社会发展产生的，但并不是说专业的产生与消减具有随意性，也不是说专业就是简单的整合学科和社会需求。专业的设置需要有明确的定位和发展目标，需要明确专业设置是为了达到什么目标、要培养什么样的人才，需要在专业设置的过程中形成明确的人才培养体系。

高等教育中学科、专业、课程三者构成了一种从上到下、从大到小的逻辑关系。其中，学科是龙头，统领高校的发展方向。高校的建设基本上以专业聚类形成学科，国家围绕全国高校学科已经进行了多轮评估，对高校教育教学形成重要影响。在学科建设的基础上，各专业围绕学科方向进行建设，形成专业特色。课程则是支撑专业的重要基础。每个专业都有数量不等的课程，既有通识课，又有思政课，还有专业课、实践课等，这些课程从不同方面丰富完善高校教育教学体系，充实专业基础，形成专业教育教学的基本内容。从定义上来看，专业评估是评估主体在专业教学范畴内，依据自身需要和要求，按拟定的实施方案和价值判断标准、评估指标体系，对被评估专业的人才培养计划和人才培养质量及必备保障条件，如教师队伍的数量和质量，专业教学条件、人才培养过程实施及教学管理等方面进行评价，使其与社会经济发展对人才培养规格和质量要求相适应的评估活动[1]。专业评估是由政府部门主导的从上而下的行政行为。1990 年，原国家教育委员会发布的《普通高等学校教育评估暂行规定》明确指出，高等教育评估工作由各级人民政府及其教育行政部门组织实施。专业评估作为高等教育教学评估体系的一部分，是教育管理部门通过教

---

① 孙莱祥，宋彩萍，董雪静：《高校本科专业评估实践指南：上海的探索与经验》，北京：高等教育出版社，2019 年，第 31 页。

育行政手段对各高校的专业建设情况进行评估的一种方式。其目的是考察在教育部门的领导下，学校的教育教学是否达到预期目标，为今后教育教学工作提供参考，具有鲜明的导向性与调节功能，有助于教育部门、高校更好地认识自身教育教学状况，采取有针对性的举措，改进教育教学中存在的问题。

在认识专业评估的同时，要厘清其同专业认证之间的区别。专业认证是一种国家通行、行业主导、利益相关者参与的对专业教育进行的外部评价。同专业评估相比，专业认证是一种主动行为，是高校或专业通过自愿方式参与认证，并取得业界认可的一种行为。通过专业认证的专业，可以为毕业生进入专门行业工作提供质量保证，获得国际同行认可。从本质上讲，专业认证也是专业评估的一种，具有明确的目标导向性，其认证结果需要遵循一定的程序，并且具有一定的法律效力，但要注意的是，专业认证结果并非一直有效，它有一个明确的期限。但不可否认，专业认证对学校专业质量的提升及教育教学效果的改善具有明显的推动作用。我国大规模开展专业认证及评估始于 1992 年，最初是由原建设部对建筑、土木类的 6 个专业进行评估。2006 年起，在教育部主持下，专业认证范围开始不断扩大，涉及的专业类别也不断拓展。我国在进行国内专业认证的同时，积极同国际接轨，于 2016 年加入《华盛顿协议》，工程教育认证得到国际社会认可。截至 2023 年年底，工程教育认证通过专业达到 2395 个。2021 年，新一轮本科教育教学审核评估中特别对工程教育认证进行了规定，明确通过教育部专业认证的专业可以免予审核评估，进一步突出了工程教育认证的重要性，这也对专业评估提出了更高要求。

三、教学评估

"评估"也即评价估量，是按照一定程序对所收集的信息进行分析，对其效果进行评判和论证，以得出结论的一种方式。"评估"的应用范围较广，在经济、管理等领域应用较多，之后逐步扩展到教育领域。高等教育领域的评估是在对评估对象全面分析的基础上，建立起来的对评估对象所处状态或价值的判断和意见。就其实践意义而言，评估是一项在事实判断的基础之上建立的价值判断活动，它不仅对客体满足主体需求的程度作出了判断，更强调评价的最终目标是改善和促进客体自身更好地发展①。教学评估，简言之就是对教学状况进行的评价。这里研究的主要是本科教育，也即对本科教育教学状况的评价。国内外关于教学评估的认识有一定差异，可从以下四个角度进行分析。一是从信息角度入手，强调通过评估收集资料，为教育决策服务。如克龙巴赫认为，所谓教育评估，是指为了获取教育活动的决策资料，对参与教育活动各个部分的状态、机能、成果等情报进行收集、整理和提供的过程②。二是从方法角度，强调评估是成绩考察的方法或调查的方法。如斯坦福评估协作组认为，教育评估是对当时方案中发生的事件及方案结局的系统考察③，通过考察发现问题，并帮助解决问题。三是从效果角度，强调通过评估判断教育目标或教育计划的实现程度。如泰勒认为，评估过程在本质上是确定课程和教学大纲在实际上实现教育目标程度的过程④。通过评估研判教学目标是否有效实现，是否有需要改进的地方。四是从过程角度，强调评估是收集信息的过程、提供决策依据的过程、判断效果的过程、教育优化的过程及价值判断的过程等。如德雷斯认为，评估就是决定某种活动、目的及程序的过程。这个过程，分为制定明确的目标、收集合适的情报、作出合理的决策三个阶段⑤。通过各种评估程序及经过，实现各类教育教学目标。

从评估范围来看，教学评估又可以分为广义和狭义。广义的教学评估是对影响教学活动的所有因素进行评估。狭义的教学评估则是根据一定的教学目标和标准，对教授内容进行系统评估，评定其价值及优缺点，以寻求改进的过程⑥。本书所探讨的教学评估更多的是从广义层面进行宏观讨论。2004年，教育部颁布新版《普通高等学校本科教学工作水平评估方案（试行）》，设定了办学指导思想、师资队伍、教学条件与利用、专业建设与教学改革、教学管理、

---

① 崔曼秋：高等教育第三方评估的中外比较研究，哈尔滨师范大学论文，2020年，第3页。

② [日]永也重史：教育评价论，第一法规，1984年，第6页。

③ 瞿葆奎：《教育学文集·教育评价》，北京：人民教育出版社，1989年，第346页。

④ 李聪明：《教育评价的理论与方法》，台北：台湾幼狮书店，1961年，第3页。

⑤ [日]庆伊富长，等：《大学评价研究》，东京：东京大学出版社，1984年，第10页。

⑥ 夏季亭，帅相志，宋伯宁：《普通高校本科教学评估成效与改革取向》，北京：科学出版社，2012年，第5页。

学风、教学效果 7 个一级指标和 1 个特色项目，并从学校的定位、专业、课程、实践教学、质量控制、基本理论与基本技能、思想道德修养、社会声誉等方面出发设置了 19 个二级指标，较好地囊括了教学评估的主要内容。评估的目的是加强国家对高等教育教学的宏观指导，促进各级教育部门重视学校教学工作，督促学校更好地落实国家教育方针，按照教育规律改进办学条件，提高办学质量，提升教育教学水平。之后随着国内外教育环境的变化，针对本科教学评估的认识不断深化，相关文件不断修订，逐渐从教学质量保障体系等角度看待教育教学，高等教育教学改革进一步深化。

四、教育教学审核评估

高等教育范围内最具影响力的评估模式主要分为三种，即认证评估、分等评估和审核评估。按照发生学的观点，认证评估出现最早，其次是分等评估，最后是审核评估[①]。审核评估同其他评估类型的重要区别是"审核"二字的定义范围。一般来讲，审核又称审查核实，是指为获得审核证据并对其进行客观的评价，以确定满足审核准则的程度所进行的系统的独立的形成文件的过程。审核一般都有目标对象，是对对象进行核查评价，以实现审查目标的过程。审核评估则在审查的过程中，增加对客观对象的评价衡量，是一种主动发现问题、分析问题的过程。2011 年，教育部印发《教育部关于普通高等学校本科教学评估工作的意见》，提出"建立健全以学校自我评估为基础，以院校评估、专业认证及评估、国际评估和教学基本状态数据常态监测为主要内容，政府、学校、专门机构和社会多元评价相结合，与中国特色现代高等教育体系相适应的教学评估制度"，为新时期本科教学工作评估指明了方向。这一制度简称"五位一体"本科教学评估制度，成为这一时期我国本科教学评估的重要依据。此轮评估工作中，强调实现分类的院校评估。院校评估包括合格评估和审核评估。合格评估的对象是 2000 年以来未参加过院校评估的新建本科学校；审核

---

① 林琳：《我国本科教学审核评估标准改进的有机走向》，哈尔滨：黑龙江教育出版社，2021 年，第 16-17 页。

评估的对象是参加过院校评估并获得通过的普通本科学校。审核评估重点考察学校办学条件、本科教学质量与办学定位、人才培养目标的符合程度，学校内部质量保障体系建设及运行状况，学校深化本科教学改革的措施及成效。审核评估形成写实性报告，不分等级，周期为 5 年。这就进一步明确了审核评估的要求，对审核的重点方向做了说明。

2013 年发布的《教育部关于开展普通高等学校本科教学工作审核评估的通知》强调，审核评估是在我国高等教育新形势下，总结已有评估经验，借鉴国外先进评估思想的基础上，提出的新型评估模式，核心是对学校人才培养目标与培养效果的实现状况进行评价，旨在推进人才培养多样化，强调尊重学校办学自主权，体现学校在人才培养质量中的主体地位。该评估明确了审核评估范围与重点，主要包括定位与目标、师资队伍、教学资源、培养过程、学生发展、质量保障六个项目和学校自选特色项目，并明确了审核要素和审核要点，成为第二轮审核评估的重要指引。2021 年，教育部印发了《普通高等学校本科教育教学审核评估实施方案（2021—2025 年）》和《普通高等学校本科教育教学审核评估指标体系（试行）》，拉开了新一轮普通高等学校本科教育教学审核评估的大幕，并再次对审核评估内容和指标进行了调整。在新一轮审核评估中逐步由之前的"本科教学工作水平评估""本科教学工作审核评估"到现在的"本科教育教学审核评估"，变化的不仅仅是文字表述，更是审核范围和侧重点的变化，由关注教学水平到关注教育教学，范围逐步扩大，要求更高，这就需要评估标准与时俱进。

对教育教学审核评估的界定需要厘清"标准"一词的含义。标准作为教育评价学中的重要概念，起源于古代法语，在此基础上其含义逐步演变为通过权威、传统或普遍认同确立起来的模式或范例，它是作出决定或判断所需的一种规则[①]。从其范围来看，标准又可以称为衡量事务价值的一套规则。评价标准是评价理论体系的核心，要以其核心价值为基础。评价演变的根本是评价标准的变化。我国教育教学的变化同经济社会发展环境密切相关，不同时期对教育的需求与认知存在差异，这就要求教育评价标准同步进行更新，以更好地适应

---

① 林琳：《我国本科教学审核评估标准改进的有机走向》，哈尔滨：黑龙江教育出版社，2021 年，第 18 页。

经济社会发展需求。从长期来看，教育教学审核评估需要既符合国家教育政策方针，又符合地方高等教育建设及经济社会发展需求，同时要同学校发展现状、行业特征密切相关，实现国情、社情、校情的有机融合。

第二节　国内外高等教育教学审核评估相关理论

国外高等教育评估开始较早，积累了一定经验，形成了一定理论。进入 21 世纪以来，很多欧美国家开始推出本科教育教学改革计划，通过多样化的评估方式引导、带动高等教育不断优化发展。从理论建构角度看，国外高等教育评估同高等教育的发展步伐一致，在长期探索过程中逐步形成了同时代发展步伐相契合的评估理论。教育评价、第三方评估、教学质量管理、全面质量管理等理论为教育教学审核评估的推动奠定了重要基础，有必要对其内容构成、适应范围、关联要素、主要效果等进行详细梳理，为教育教学审核评估的推进提供支撑。

一、教育评价理论

评价，一般指人们通过主观或客观，定性或定量方法对人或事物的行为、态度、认知作出判断，也即评价主体对评价客体作出判断的过程。评价的概念一般与价值联系在一起，更多时候体现在对评价客体信息的收集、分析，以助于评价主体作出价值判断，一方面可以达到评价主体价值判断的目的，另一方面可以满足评价客体不断发展的需求[①]。随着高等教育的发展，高等教育质量开始出现差异化，对高等教育进行评价的重要性也不断显现。一般来讲，教育实践会推动教育理论的发展，教育评价需求增加的重要原因是教育在经济社会发展中的推动作用逐步凸显，个体在受教育的过程中能力水平不断提升，给

[①] 徐建香：高等工程教育人才培养质量评价机制的边界研究——基于美、日两国的比较，天津大学论文，2021 年，第 28 页。

其个人发展带来的正向作用显著增强，国家、社会、个体对受教育的重视程度日益增加，对教育质量的评价成为教育选择、发展的重要标准。相对于西方，中国高等教育起步较晚，但发展较快，教育测量成为教育评价的基础，对教育评价的理论需求日益增加。教育对于评价的需求，同教育本身相比逐渐同步，教育评价理论逐渐形成。从定义来看，《教育学基础》一书中对教育评价进行了较为完善的界定，认为教育评价涉及评价主客体、方式方法、标准指标等构成要素，是评价主体在价值理念的指引下，根据评价的目的和标准并运用适当的评价方式方法对评价对象进行价值判断的过程[1]。

　　教育评价经历了测量、描述、判断、建构等不同时期。第一代教育评价是测量。测量是获取教育数据有效可靠的方法，主要追求测量与测量结果的标准化、客观化。第二代教育评价是描述。描述是对测量所得数据进行还原，再分析学生学习目标达成度的情况。第三代教育评价是判断。判断是在测量与描述的基础上，对所得数据进行筛选、辨别的过程，是解决标准多元化，实现对学生发展状况正常判断的重要过程。第四代教育评价是建构。主要研究教育建构过程、方法和特征，认知诊断理论和多维项目反应理论成为这个时期教育评价研究和应用的主流[2]。按照评价标准的不同，教育评价可以划分为很多不同类型，如诊断性评价、形成性评价、总结性评价、相对评价等。诊断性评价是在教学实施前，帮助教师了解学生学习差异，以采取恰当的教学策略。形成性评价是在教学过程中，及时调整教育策略，最大限度地保障学生发展。总结性评价是在教学结束后采取的评价，对学生在一段时间内的学习情况进行总结表彰的过程。相对评价是在评价对象之外确立一个评价标准，进行对比，以实现教育判断，达到教学目标。2020 年 10 月，中共中央、国务院印发《深化新时代教育评价改革总体方案》，文件指出，坚持问题导向，从党中央关心、群众关切、社会关注的问题入手，破立并举，推进教育评价关键领域改革取得实质性突破。坚持科学有效，改进结果评价，强化过程评价，探索增值评价，健全综合评价，充分利用信息技术，提高教育评价的科学性、专业性、客观性。该

---

[1]　全国十二所重点师范大学：《教育学基础》，北京：教育科学出版社，2013 年。

[2]　张勇：测评技术是影响教育评价改革的关键，《中国教育报》，2019 年 3 月 28 日。

方案以评价方案改革的方式对教育评价做了要求，将重点任务分解为党委和政府、学校、教师、学生、用人等不同维度。其中，在学校维度，专门对高等学校评价进行了界定，指出要推进高校分类评价，改进本科教育教学评估，为新时代高等教育评价改革指明了方向。

二、第三方评估理论

高等教育第三方评估也即由第三方实施的教育评估活动。了解第三方评估需要深入了解第三方的具体范围，即何为第三方。第三方是相对于第一方和第二方而言的，其与第一方和第二方无直接隶属关系和利益冲突。以常见的合同为例，一般来讲，合同的委托方可称为第一方，合同的承担方可称为第二方，而独立于合同之外的则可称为第三方。总体来看，第三方的内涵大致可以分为三种。第一种是第三方产生于第一方与第二方的矛盾之中，当二者矛盾不可调和时，便需要第三方进行调节，在这个过程中，第三方即中间人或机构。第二种是当多重主体发生矛盾时，第三方便被赋予了新的意义。这里的第三方需要与各方都没有矛盾或利益冲突，且在处理矛盾或利益冲突的过程中能够做到公平公正，结果为各方信服。第三种是第三方相对于第一方、第二方而言，体现出第三方的独立性、专业性、科学性[1]。不同形态从不同角度明确了第三方所处的环境，对第三方所需具备的要素与特点作出规范。

高等教育领域第三方评估理论，在遵循一般第三方评估理论的基础上融合了高等教育的特性。从高等教育关联要素看，高等教育领域的第三方存在不同情况。一是从利益关系看，强调第三方需要同各教育教学主体无利益关系。在进行教育教学评估的过程中，第三方组织需独立于各教育教学关联方，以保证评估效果的公平公正。二是从组织关系看，强调不存在隶属关系。第三方需要同评估各方不存在隶属关系，以保证评估工作的开展不受各方影响。三是从法律关系看，强调第三方组织为独立法人。这样可以保证第三方组织的真正独立，以确保其行为具有法律效力。四是从工作质量看，强调工作的专业性。当

---

① 周映新:英国高等教育第三方评估机制的运行经验及启示,河北科技大学论文,2020年,第14页。

前，高等教育评估正在推进"管办评分离"，这就要求以更加专业的水平推进教育教学评估。因此，高等教育第三方评估可以界定为，独立于高校与政府之外且具有独立法人地位的社会第三方评估机构，通过一定方式和合法的程序委托，在高校自我评估的基础上运用科学的评价手段和工具，独立自主地对高校的教学水平作出客观公正的评定和判断[①]。高等教育第三方评估，是从独立于教育教学主体各关联要素的角度出发，对高等教育教学状况进行评估，公正合理地发现问题，通过评估真实反映高校教育教学状况，保障社会各界通过评估结果客观了解高校教育教学效果，并对高校教育教学改进提供借鉴的一种评估方式。

三、教学质量管理理论

教学质量是指教学机构在满足教学活动中各方受益者，包括学习者、教育者、机构本身、社会经济发展需求的各种明确和隐含需求的特征总和[②]。从范围来看，教学质量可以分为狭义和广义。从狭义角度来看，教学质量以课程教育为核心，以学生课程学习知识获取为主要评判标准，囊括学生知识、能力、价值等的增长状况。这里的教学强调师生在课堂教学中的师生活动状况，是教师有组织、有计划、有目的地引导学生进行课堂学习，教学活动质量就体现为教学质量。也就是说，教学质量主要是指课堂教学质量。从广义角度来看，教学质量是以学校人才培养质量为核心，涉及学校育人工作的方方面面，不仅包括教学，还包括招生、就业、日常培养等过程。广义的教学质量主要涵盖学校教学服务质量和培养对象质量，是把学校看成一个宏观整体，衡量其教育教学效果的过程。本书所关注的主要是宏观层面的教学质量，把教学看成一个相互关联的整体，从与教学密切相关的各要素入手，提升教学质量，并通过相关因素的培育推动教育教学水平的提升。

---

① 周映新：英国高等教育第三方评估机制的运行经验及启示，河北科技大学论文，2020年，第14页。

② 贺海鹏、王爱民：《普通高等院校本科教学管理与质量评估问题研究》，北京：科学技术文献出版社，2019年，第6页。

西方学者将质量管理界定为决定且实施质量政策的整体管理功能。从高等教育教学角度入手，则形成了教学质量管理理论，认为教学质量管理就是从教育目标的制定、实施到教学质量检查与反馈调整的整个管理过程[①]。按照国际质量管理体系要求，结合我国教育实际，高校构建的教育质量管理其实可以参照国际标准化组织制定的《质量管理体系——要求》的操作指南。要根据中国高等教育教学实际，建立教学治理管理体系，使教学质量关联的不同要素结合起来，形成制度化、体系化的约束。一般来说，教学质量管理体系的构建需要遵循人本原则、整体原则、动态原则、优化原则。教育的对象是学生，教育的主要施动者是教师，教学过程主要的因素是教师和学生，处理好教师和学生的关系是教学过程中的基本要求。在教学过程中要坚持以人为本的原则，一切以学生的成长成才为中心，关注学生的个性、需求、兴趣、潜能，尽可能提供优质教学服务。同时注意发挥教师的主观能动性，实现教学相长。学校教育质量管理是一个整体。一方面，要从整体角度统筹教学质量管理相关的各要素，不能脱离整体谈个体，要把个体要素放到整体中看待。另一方面，要注意，整体不是简单的个体叠加，而是在个体整合的基础上形成新的整体，各部分存在相互支持相互配合的关系。教学质量管理体系处于一种系统结构之中，这种结构并非一成不变的，而是随着经济社会的发展不断调整变革的。教学质量需要满足社会、企业、学生等不同层面需求，这就要求学校教育教学要时刻关注各方面的需求变化，及时作出调整，在动态变化中保持生机活力。教学质量管理在动态调整的过程中不断优化，各要素都需要达到最优状态，实现最优决策、最优管理，优化管理机制[②]。在教学质量管理的过程中还需要强化对教学质量的监控。通过技术或人工手段，对教学过程中教学大纲的设定、教材的选编、教学计划的制定、教学过程的组织、教学考核的实施等进行规范，通过实施监督管控的方式发现教学过程中存在的问题，及时进行改进，减少教学偏差。

---

① 贺海鹏，王爱民：《普通高等院校本科教学管理与质量评估问题研究》，北京：科学技术文献出版社，2019年，第7页。

② 夏季亭，帅相志，宋伯宁：《普通高校本科教学评估成效与改革取向》，北京：科学出版社，2012年，第50-51页。

四、全面质量管理理论

1961 年，美国学者费根堡姆首先提出"全面质量管理"（Total Quality Management，TQM）的概念，该概念最早应用于工商管理领域。费根堡姆在著作中对全面质量管理做了界定，认为全面质量管理是在全面社会推动下，企业中所有部门、组织，所有人员都以产品质量为核心，把专业技术、管理技术、数理统计技术集合在一起，建立起一套科学、严密、高效的质量保证体系，控制生产过程中影响质量的因素，以优质的工作、最经济的办法提供满足用户所需产品的全部活动[①]。国内部分学者也对全面质量管理进行了研究，认为全面质量管理是组织企业全体职工和各有关部门参加，综合运用现代科学和管理技术成果，控制影响质量全过程的各种因素，达到经济地研制、生产和为用户提供满意的产品和服务的目的[②]。从定义来看，全面质量管理的核心在质量，要求全方位地以质量为中心，以求长期成功，具有管理的全面性、管理的过程性、全员参与、全社会参与等诸多特性。

全面质量管理理论在高校的应用促使学校质量管理理念的产生。全面质量管理以用户为中心，从某种程度上讲，学生也是高等教育的服务对象，需要全面分析学生的需求，提供相应的教育服务。全面质量管理和教学质量管理理论最大的区别在于范围不同，相比于教学质量管理，全面质量管理囊括的范围更广，不仅包括教学，还包括学校同教学密切相关的其他要素，其中有些要素对教育教学产生直接牵制。采用全面质量管理可以将学校质量管理统筹起来，把教学目标质量管理和过程管理有机结合起来，构建融合学校、教师、学生、教务机构、管理辅助机构等各部门的共同体，还可以帮助高校更好地自我调节、自我完善、自我监控，实现教育教学发展的良性循环。

进行学校全面质量管理需要满足几项基本要求。一是标准化工作。对所有

---

① 夏季亭，帅相志，宋伯宁：《普通高校本科教学评估成效与改革取向》，北京：科学出版社，2012 年，第 47 页。

② 刘福银：略论全面教学质量管理观与高等学校素质教育，《黑龙江高等教育》，1999 年第 4 期，第 72-75 页。

高校的评估需要有统一的标准，这一标准不是评估高校教育教学活动时才提出的，而是在教育教学工作开展之初就应该坚持。教育教学标准是指导高校教育教学工作的标尺，离开标准学校质量管理无从谈起。全面质量管理应既满足国家教育教学大政方针，又立足现实。随着国家经济社会发展的不断变化，对各类标准的要求不断增多，标准应该明确、清晰、可操作、易执行。二是质量信息提取。评价学校教育教学质量，需要通过具体信息来衡量。要通过调查、测量等方式获取高校教育教学过程中的信息、数据，通过信息、数据分析高校教育教学过程中存在的问题，并采取针对性调整策略。三是质量信息加工整理。要对收集到的高校教育教学信息进行分析、整理，严格按照标准进行整合、提炼，在资料整理的基础上进行有序分析，发现共性问题，并加以改进。四是建立质量责任制。严格明确教育教学过程中各参与主体的职责，全面规范各环节要求，如教师的职责履行状况，职能部门的管理服务状况等。五是质量教育工作。要实现全面质量管理，需要营造良好的质量认知环境。通过宣传培训引导让教师、管理人员等树立质量意识，提升全面质量管理能力[1]，构建全面质量管理体系，将教育教学评估同全面质量管理联系起来，全方位、多层次、有效地提升本科教育教学质量。

---

① 夏季亭，帅相志，宋伯宁：《普通高校本科教学评估成效与改革取向》，北京：科学出版社，2012年，第49-50页。

第三章

高校本科教育教学审核评估的演进历程

　　随着高等教育的普及化、大众化及经济全球化，高等教育被社会赋予了更多责任，高校办学的中心任务是提升高等教育质量已经成为发展共识。因此，高等教育质量问题成为各方讨论的焦点，通过对本科教育教学的审核评估来把控教育教学质量，是教育评估在新时期发展的新形势，对实现高等教育的目标、切实保障高等教育发展质量具有重大价值，其结果展示了高等教育质量的基本信息和成效，对高等教育的发展和改革具有引领和指导作用。国内外高校本科教育教学审核评估均经历了一系列的变革与发展，自1985年《中共中央关于教育体制改革的决定》首次引入"评估"这一概念，中国高等教育评估体系逐步发展并日趋成熟。从20世纪90年代的合格、优秀和随机评估，到2003年至2008年的水平评估，再到现在的"五位一体"评估模式，中国的高等教育评估体系一直在不断优化，以适应教育发展的新要求。这一体系强调高校的办学自主权，重视教育的多元化和质量。当前，审核评估已经成为评估学校人才培养目标和效果的主导模式，其目的是促进教育质量的持续提高。在国际上，各国也都在不断探索和完善高等教育教学审核评估体系，英国、美国、澳大利亚等国家相继建立起符合本国高等教育发展需要的高等教育教学审核评估体系，注重多元化和综合性，不仅关注教学质量，还注重科研、社会服务等多方面的发展。总之，高校本科教育教学审核评估的演进历程是一个不断适应高等教育发展需求、不断完善评估体系的过程。未来，随着全球化和信息化的深入发展，高等教育评估将更加注重国际化、信息化和科学化，为高等教育质量的持续提升提供有力保障。

第一节　国外高等教育教学评估的实践模式

一、国外高等教育教学评估的主要实践

教育评价活动与一个国家或地区的上层建筑紧密相关，在特定的政治、经济、文化背景之下，具有特定的历史使命。也就是说，教育评价活动具有社会性，并非完全独立存在和发展的，而是同一定的政治制度、文化背景和社会生产关系相联系，服务于一定的价值取向。因而，高等教育的审核评估一定是带有阶级性和历史继承性的，不同的国家因其现实的社会政治制度和文化历史传统各异，高等教育教学评估在实践的过程中也会同本国的实际和传统相结合，形成各具特色的实践模式。

（一）美国认证评估模式

美国在高等教育评估领域具有悠久的历史，是全球最早开展此类评估的国家之一。其评估活动涵盖了院校认证、专业认证、大学排名和学生满意度调查等多个方面。美国的高等教育认证体系以质量保证为核心，具有超过一百年的发展历史。这一认证体系是美国社会主导的评价模式中最具代表性的高等教育评估活动之一。该体系以自我评估和同行评审作为质量保障机制，成为美国院校进行自我管理和质量提升的重要工具。美国高等教育评估主要由非政府机构、自愿参加的院校协会或专门职业协会下的独立质量认证机构负责进行，并由这些机构制定认证准则，肩负起专业认证和院校认证的责任，主要进行院校专业和学校质量的评估，通过评估协助院校提高质量，最后将经过评估获得认证的专业及院校名单向社会公布①。

---

① Recognized Accrediting Organizations (as of August 2010). [2010-11-02].

1. 演进历程

美国在 20 世纪初便建立了具有社会中介性质的高等教育评价机构，成为开展高等教育评价活动、建立高等教育评价制度的先行者。美国高等教育规模不断扩张及课程设置更加多元化，加之各州对高校管理实施分权自治，因此美国高校发展缺乏秩序且课程标准各异，不仅仅表现在不同高校自有一套课程标准，院校之间互不相通的学分认证更是成为美国高等教育发展的重大阻碍，学生转学也变得十分困难。因此，为满足高等教育发展需要，各类协会开始逐渐成立。1905 年，美国医学协会首开专业评估先河，协会自行制定评估高校医学专业质量的标准，根据制定的专业标准对全美医学院进行评估，并以此为依据对全美医学院进行了等级排名[①]，这是美国高等教育专业评估的雏形。随着时间的推移，美国高等教育评估机构的数量持续增长，但这些机构的成立和运作缺乏统一标准，导致它们在评估能力上存在显著差异，进而加剧了不同地区高等教育质量的不均衡。为了规范和协调这些区域性和专业性的评估机构，1975 年美国成立了中学后教育认证委员会（Council in Postsecondary Accreditation，COPA）。COPA 是美国首个民间的全国性高等教育认证组织，其主要工作职责包括：对高等教育认证机构进行审查，确保高等教育评估保持其专业性水平；促进评估机构、高等教育机构和联邦政府之间的交流与合作。COPA 的成立推动了美国高等教育评估活动的规范化，标志着行业规范机制的建立，进一步巩固了社会主导的高等教育评估模式。然而，从 1990 年起，高校中出现了学生贷款违约和联邦资金滥用等问题，一系列频发的失信事件使得联邦政府开始质疑高度自治的高等教育评估系统[②]，也正是迫于来自各界的压力，COPA 于 1993 年年底退出了美国高等教育评估的历史舞台[③]。直到 1996 年，高等教育认证委员会（Council for Higher Education Accreditaion，CHEA）成立，以 CHEA 为代表的社会机构与联邦政府合作，形成了由美国教育部和

---

① Bogue E G, Saunders R L. The Evidence for Quality. San Francisca: Jossey-Bass Publishers, 1992: 36.

② 毕家驹：美国高等教育鉴定及其管理机制的变迁，《同济大学学报（人文·社会科学版）》，1996 年第 1 期，第 111-117 页。

③ 王建成：《美国高等教育认证制度研究》，北京：教育科学出版社，2007 年，第 54 页。

CHEA 构成的双轨认可体系。这种双轨认可体系一方面符合联邦政府对资源使用效率的要求，另一方面也能够满足高等教育发展的要求。截至 2005 年，美国共有 87 所高等教育认证机构，其中 26 所仅接受教育部的认可，36 所仅接受 CHEA 的认可，还有 25 所接受教育部和 CHEA 的双重认可。被认可能够进行高等教育审核评估的机构，按照双轨认可体系要求需要定期接受检查和提交总结报告，认证的有效期限是 5 年，每 5 年需要重新认证一次。

2. 运行机制

美国高等教育认证主要分为两种类型：一种是针对整个学校或学院，根据学校或学院的地理位置开展的"院校认证"；另一种是根据专业领域划分类型，进行的"专业认证"。这两种不同类型的认证工作由两种不同类型的高等教育认证机构分别开展，一种是将院校作为整体进行认证的"校院认证机构"（Institutional accreditation Bodies，IAB）；另一种是将领域的专业性作为标准进行认证的"学科认证机构"（Programmatic or Professional accreditation Bodies，PPAB）。认证制度的实施，成功促进了美国认证评估模式的形成，建立了经由外部监控同时又相对较为客观的管控机制，从而实现高等教育质量的提升。

1）院校认证

美国高等教育的院校认证由全国性和地区性的认证机构执行，这些机构通过设定和执行严格的标准来评估学校的整体教育质量和办学水平，确保了教育机构的教育和学术水平。这些认证机构是非营利性和非官方的自治组织，主要包括六个区域性的认证委员会：新英格兰院校协会（NEASC）、南部院校协会（SACS）、中部各州院校协会（MSCHE）、中北部院校协会（HLC）、西北部院校协会（NWCCU）和西部院校协会（WASC）。这些认证机构的评估范围覆盖整个学校的运作，包括学校的使命、定位、战略目标、管理结构、教师团队、教学品质、招生政策、专业设置、课程内容、设施等，通过全面的标准体系来确保教育质量。

2）专业认证

美国的专业认证涵盖了医学、艺术、商业等 60 多个学科领域，由 70 多所专业认证机构负责评估相关学院或专业，以确保这些领域的教育质量和教学水平。这一认证制度起源于 19 世纪末到 20 世纪初，通过合作认证机构、行业团体、教育机构及公众代表来设定认证准则。它旨在评估学校是否符合这些准则，并定期公开评估成果。此类专业认证主要聚焦于与公众日常生活紧密相连的领域，如法律、建筑、医疗和商业等，而传统自然科学、人文及社会科学领域则不在其认证范围之内。认证内容通常包括专业目标、优势与不足分析、师资队伍、教学计划、学生表现、课程设置、教学设施、管理水平及学校对相关专业的支持等。学科认证不仅确保学校依据既定标准培养具备专业技能的人才，同时也指导学生根据个人条件选择适宜的学校，为未来获取行业认可的资格证书及社会的广泛认同奠定基础。专业认证的过程与资格认证的相仿，涵盖提交申请、进行自我评估、实地审核及最终认证决定等多个环节。具体过程如下：专业需要完成自我评估报告；由认证专家团队进行现场考察；由认证委员会作出认证决定。

（二）英国参与主体多元化的评估模式

英国高等教育评估模式同英国的高等教育管理特点相符合，既不完全遵循中央集权的方式，也并非完全的地方分权，构建了由政府、高等院校及民间组织共同参与的多元化审核评估模式，造就了英国包括内部评估、外部评估、民间评估等多元主体参与的全方位的高等教育评估体系。英国高校拥有较高的自治权，高校设有自己的内部质量保障程序，对自身教育质量进行审核评估。同时，英国政府也充分发挥其监督保障作用，为更好履行对高等教育发展的职责通过设立高等教育质量保障局（QQA）参与高校审核评估，凭借该机构管理和开展全国高等教育审核评估工作。英国高等教育的民间评估主要由新闻媒体、信息咨询等社会组织机构进行，如英国刊物《泰晤士高等教育》（*Time Higher Education*，THE）、高等教育研究机构 Quacquarelli Symonds（QS）的世界大学排名[①]，其指标设计合理、数据来源可靠，评估结果在全国乃至世界范围内都有着重要的影响。

---

① 胡德鑫：发达国家高等教育评估的发展趋势，《教育学术月刊》，2017 年第 4 期，第 36-42 页。

1. 演进历程

英国在 1919 年设立了大学拨款委员会（VGC），其职责是向政府提出大学资金分配的建议，并在一定程度上承担教育评估的职能，尽管教育质量的评估主要由高校自行负责。20 世纪 60 年代，英国成立了全国学位授予委员会，负责对高校进行评审。进入 20 世纪八九十年代，英国逐步建立了两种外部评审体系。第一种体系是通过成立相关的组织对高等教育机构进行评估，如相继成立的大学副校长委员会（CVCP）、学术监控部（AUU）和高等教育质量保障委员会（HEQC）等机构。这些机构主要通过聘请经验丰富的学者进行同行评审，以监督大学内部质量保证体系的执行情况。第二种体系是英国政府通过发布政策文件和法律，明确高等教育审核评估的流程和要求，逐步形成高等教育质量评估体系。1991 年，英国官方发布的《高等教育改革白皮书》便指出英国高等教育质量评估体系包括四个层面：一是代表政府的高等教育基金委员会负责整体高等教育评估活动的开展；二是代表大学校长的高等教育质量委员会按照规定对高等教育进行质量审核；三是高校进行内部自我评估；四是开展社会评估。1997 年，高等教育基金委员会和高等教育质量委员会合并成为英国高等教育质量保证局（QAA），并全面负责高等教育的质量评估工作，具体包括对高校的学术质量审查和学科的教学质量评估，QAA 至今仍在英国高等教育评估中扮演着关键角色。

2. 运行机制

英国在高等教育评估的方法和内容方面，不同评估组织各有侧重、相互补充，形成一个完整的体系[①]。首先，英国高校的教学质量主要由高校自己负责，重视自评。高校组织学术专家并设置高校内部专门的评估机构和主管人员，通常 5 年进行一次自评，需要邀请校外专家参与。自评内容主要包括：教学项目的培养目标和业务范围；学生、教师和学习资源；课程设计、内容和组织；教学、学习和评估；学生进步与成绩；学生支持和指导；学习资源；质量管理和

---

① 刘尧：国际高等教育评估比较研究，《高等建筑教育》，2000 年第 3 期，第 66-88 页。

标准①。英国高等教育的审核评估并非由政府直接进行，而是通过建立与政府分离的中介机构来实现。这些中介机构虽然不直接受政府控制，但它们在一定程度上反映了政府的意图，从而间接地执行政府的指导职能，确保评估过程中各方的协调和平衡。目前，英国高等教育质量保证局（QAA）是主要负责高等教育审核评估的中介机构。QAA 的评估结果展现了英国高等教育评估的独立性、公正性和公平性，其评估不受外界因素的干扰，基于事实，并向公众透明公开。QAA 作为一个独立的非官方机构，已经形成相对完善的组织结构，由14 人组成的董事会履行监管的职责。董事会成员代表不同部门，其中高等教育质量委员会提名 4 人，高等教育基金委员会提名 4 人，还有 6 人是分别来自工业、商业、金融业等不同领域的独立专家。为保障 QAA 的正常运转，各高等教育机构会为其捐款，高等教育的拨款机构也会对其进行资助。QAA 的核心职责包括：协同高等教育机构建立标准，以提升教育质量；向学生、雇主及关注高等教育品质的公众提供准确信息；与高校携手制定资格认证准则，并就学位授予权及大学命名提供咨询意见；开发学科课程的基础标准，发布教学指导资料，并提供教学示范案例；设计并实施院校及学科评估流程②。在成立之初，QAA 的主要工作是审查学术质量与教学效果。然而，到了 2002 年，QAA 推出了一个新的评估框架——院校审查制度。这一制度将工作重点转移到了评估高校内部质量保障体系的有效性上，而不是直接对教育质量进行评价。评估流程通常包括：高校首先提交自我评估报告和学科层面的抽样材料，随后评估团队会到校进行现场考察，并且要求学生代表参与评估会议或提交意见。英国高等教育的评估模式体现了政府、高校和民间的多元化参与，通过外部质量评估体系来检验高校的内部质量评估体系，形成了具有英国特色的高等教育审核评估体系。这种模式不仅确保了评估的独立性和公正性，还促进了教育质量的持续提升。

---

① 徐婷：英、法、德高等教育评估体系的特点及其对我国的启示，《时代教育》，2008 年第 5 期，第 57 页。

② 张震，乔美丽，高媛：英国高等教育评估与质量保证体系及其其实，《郑州大学学报（哲学社会科学版）》，2006 年第 7 期，第 189 页。

（三）法国中央政府主导的评估模式

法国是欧洲大陆模式的典型代表，与法国长期实行的集权式高等教育管理结构相契合，法国的高等教育评估也由政府严格控制，中央政府主导着高等教育评估。因此，法国高等教育评估体系不像英国和美国的评估体系那么复杂，评估结构也较为单一，2006 年研究与高等教育质量评鉴局（Agence d'Évaluation de la Recherche Et de l'Enseignemen Supérieur，AERES）成立之前，法国并没有统一的评估机构，主要评估工作由国家评估委员会（Comite National de I Ev-aluation，CNE）根据各机构的自我评估和专家对各机构的评估来进行。从 2007 年开始，法国高等教育评估工作在 AERES 的统一组织下，在高校自评的基础上进行评估。评估机构既不是国家机关也不是纯社会性的中介机构，具有相对独立性，因为其开展的评估活动是由政府从高等教育系统外部推行的，带有政府的意志和价值取向，评估过程的每个环节都离不开政府的直接参与。这种由中央政府主导独立性的中介机构进行高等教育评估的模式，既使评估结果有一定的客观性和公正性，又提高了评估的权威性和影响力。

1. 演进历程

法国高等教育评估历史可以追溯到 18 世纪，当时针对高等教育发展颁布了《高等教育法》，其中明确提出"自治、多学科、民主参与"三原则，并提出中央集权管理与大学高度自治相结合的管理模式，高等教育评估便是这种管理模式的运作纽带，即高等教育评估结果成为法国政府审核考察高等教育质量的依据，并根据评估结果制定相应的政策，这可视为法国高等教育评估制度产生的基点[①]。1984 年，国家评估委员会成立，标志着法国高等教育评估模式基本形成。法国高等教育的发展在高度中央集权的管理模式下逐渐僵化，高等教育质量也逐步下降，于是法国政府主导成立全国评估委员会，以实现从根

---

① 张继平：法国高等教育评估模式的发展及特点，《大学（学术版）》，2010 年第 3 期，第 86-91，76 页。

本上改善高等教育质量，由此法国的高等教育评估也正式走向由政府主导的道路。1987 年，法国教育部部长莫诺里（R.Morlory）提出，在部内建立"评估与预测司"，并赋予其认识、评估、预测三项指导职能，即对学校状况进行信息统计，对教育系统进行评估，对教育发展进行预测①。该机构的成立象征着法国高等教育评估体系的基本确立。1998 年，法国政府的改革报告指出，评估任务由教育部直属的高等评估院和国家工程师职称委员会共同执行，这使得评估结果对国家对高校的投资和社会支持的影响更加显著，也进一步强化了政府在评估中的主导作用。自 1999 年起，随着"博洛尼亚进程"的启动，欧洲各国通过政府间的合作和协商，确立要在 2010 年建立一个统一的欧洲高等教育区域的合作目标，且致力于要通过多项合作共同保障和提升欧洲高等教育的质量。在欧洲合作发展高等教育的时代背景之下和促进本国高等教育发展的要求之下，2006 年法国开始推动评估体系改革，并在 2007 年正式成立了法国研究与高等教育质量评估机构——AERES。AERES 的成立标志着法国评估工作进入了一个新的阶段，一些旧有的评估机构，如国家评估委员会等，逐渐退出了历史舞台。

2. 运行机制

由法国政府通过外部力量建立起的高等教育评估体系，具有明显的政府导向性，外部评审在整个评估过程中都扮演着重要角色。在整个高等教育评估过程中，政府始终不会直接介入评估活动，而是间接性参与，将第三方评估机构作为间接控制教育评估的桥梁，委托评估机构按照政府意愿对高校进行评审，从而实现间接引导高等教育评估的方向。AERES 统筹法国全国的高等教育评估工作，但所有评估工作的开展都以高校自评为基础。具体来讲，高校自我评估可以分以下几个步骤：第一，确立评估的指标和标准，依据是高校同政府签订的合同；第二，依据确立的指标、标准开展自我评估；第三，将自我评价后形成的自评报告提交给 AERES。高校在进行自我评估时，通常会在内部

---

① 王晓辉：21 世纪前夕的法国高等教育改革，《中国高教研究》，1999 年第 2 期，第 91-93 页。

设立专门的评估委员会全权负责与评估相关的所有事务。高校自评内容也涵盖多个方面，如对整个院系的评估、教育教学质量评估、学校发展中长期规划、学校实施政策、学生成绩、教师队伍、学科发展状况及毕业生情况分析等。由于高校内部质量保障较多地关注输入和过程的运作，因而自我评估在指标与标准的设置上特别强调学校的教学人员、教学过程、后勤设施、图书馆、科研设备符合标准与质量的要求。高校严格开展自我评估的目的在于不断提高高等教育的质量，实现高校自身的高质量发展，并凭借良好的评估结果在政府对高校拨款项目中取得优势，获得更多的政府拨款。在高校进行自我评估后，对于最终的自评报告内容也有严格要求，在内容上便需要涵盖评估工作的方方面面，如学校基本情况、学校发展目标、各项指标的测评数据等都要在报告内容中体现。AERES 主体由三个机构构成，分别是理事会、评估委员会和分部，其中分部又包括三个机构：负责评估大学机构的行政事务部；负责评估科研单位的科研单位部；负责教学和大学学位（学士、硕士和博士）资格评估的教学与文凭部。行政事务部的工作分为准备、调查和撰写评估报告三个主要环节，调查结束后，部门将分析专家提供的材料，召开调查汇报会议，并通过集体讨论形成评估报告，然后将报告反馈给被评估单位，并在 AERES 官网上公布。科研单位部的工作流程分为准备、调查和报告撰写三个阶段。在收集被评估单位的教学与科研活动资料后，部门会与单位的关键人员进行会谈。在集体讨论并考虑被评估单位的意见后，部门会编写包含反馈的评估报告，并将报告反馈给被评估单位及其上级机构，同时在 AERES 官网上公布。教学与文凭部的工作内容则包括专家深入分析被评大学的自评报告和相关数据，对大学的学士或硕士教育资格进行评估，填写评语鉴定卡，并撰写评估报告，这些报告同样会在 AERES 官网上公布。

（四）德国中介机构评估模式

在德国的教育管理体制中，施行的政策是州政府负责制，即本州的教育全权由州政府管理。但高等教育评估的具体实施工作州政府并不介入，由介于政府与高校之间的各类中介机构完成[1]。德国的高等教育评估体系由四类中介机构组成：国家级的半官方评估机构、州政府授权的地方性评估机构、各学科专业委员会成立的评估组织及民间自发形成的评估机构，如联邦大学校长会议（HRK）、大学发展促进中心（CHE）、科学审议会（Wissenschaftsrat）和大学信息系统组织（HIS）等国家级评估机构，以及萨克森州和北莱茵—威斯特法伦州的大学评估中心等地方性评估机构。这些机构虽然接受政府和基金会的资金支持，但它们并不直接受联邦或州政府的管理。德国高等教育评估的主要目标是为教育决策者提供信息参考，向公众报告高校的办学状况，并协助高校提升办学能力。

1. 演进历程

德国一直以来都有崇尚学术自由的传统，因而高校在教学、科研等领域长期以来都享有充分的自治权和自主权，在 20 世纪 90 年代以前德国的高校几乎从未进行过校际评估[2]。20 世纪 80 年代，高等教育评估活动已经在西欧各国逐渐开展起来，但德国仍然未参与其中，对高等教育评估保持观望态度。德国的个别州虽然成立了相关机构开展高等教育评估工作，如巴伐利亚州，成立了高校规划委员会（后改为科学与高校问题咨询委员会）负责实施大学的学科评估，但大都属于内部评估，这些评估结果仅供大学参考，不对外公布。到 20 世纪 90 年代中期，社会飞速发展，欧美等地区国家的教育也得到迅速发展，高校数量激增、学校规模扩大、学生人数增加，教育民主化、大众化，欧美地区很多国家已经完成高等教育精英化向高等教育大众化转化。德国开始在全国范围内引入高等教育评估制度，以适应欧洲高等教育一体化发展需求，响应国内外对高等教育质量的普遍关注。20 世纪 90 年代末，随着"博洛尼亚进程"的启动，高等教育在国际上面临生源竞争挑战，以及缺乏对高等教育审核评估导致教育质量下降，使得具有悠久历史与传统的德国高等教育原有的运行模式被质疑，德国开始建立高等教育认证体系。认证以内部评估为基础，内外结合、专业认证与体系认证并行，形成了本土化与国际化的高等教育质量保障体

---

① 吴艳茹：德国高等教育评估制度及其特点，《高校教育管理》，2008 年第 3 期，第 22-25 页。
② 同上。

系。此后，德国高等教育审核评估体系不断完善，以更好地适应高等教育发展的需要。例如，2005年，德国通过了关于成立"德国学位课程认证基金会"的法律，为认证程序提供了新的法律依据；加强国际化合作，德国认证委员会与认证代理机构遵循《欧洲高等教育区质量保证标准与指南》（ESG），并加入了一系列国际质量保障协会与组织，促进国际合作与交流。

2. 运行机制

德国高等教育评估聚焦于三个核心领域：教学质量、科研水平和教授资格认证，并且更注重高校学科和院系在这三个方面的表现，而非学校整体或个人表现。德国高等教育评估虽然将教学质量、科研水平、教授资格认证作为评估的核心，但具体评估工作由各州自行开展，州政府负责，所以并没有形成一套全国统一的评估标准，各州会根据自己的理解和发展需求设定评估指标和标准。随着高等教育的发展，德国逐渐形成了相对完整和统一的全国评估模式。德国高等教育完整的评估流程通常需要18周的时间来完成，这个过程被划分为四个紧密相连且逐步推进的阶段。第一，内部评估阶段。这个阶段包括准备和自我评估两个部分，其主要目的是让被评估的院系能够进行自我检查和自我审核，在此期间完成评估所需的相关资料与数据的收集、归纳，为迎接下一步外部评估做好充足准备。第二，外部评估阶段。由专业的评估机构组织和开展评估工作，评估团队由与被评估院系没有直接的人事或业务联系，并且在相同或相近学科领域内享有良好声誉，同时具备评估经验的专业人士组成。外部评估建立在自我评估的基础之上，目的是形成包含改进建议的评估报告。评估团队中专家的素质和团队的人员构成是确保评估结果客观和公正的关键因素。在外部评估阶段，评估团队会进入高校进行短暂的同行审核和评估，主要以访谈和讨论的形式进行。外部评估通常包括准备、同行评议、交流讨论和撰写报告四个步骤。半官方评估机构实施的外部评估要由州文化教育部（或州高教局）对评估报告进行审批，并以官方名义下发或对外公布。若评估机构是非官方性质的，最终的评估报告可由评估机构自行决定公开的方式及内容。第三，评估结果执行阶段。形成最终的评估报告并不代表整个高等教育评估工作的完结，被评估的院系还需根据评估报告中提出的对策和建议，进一步制定既符合实际情况又具体的院系发展或改善计划，真正发挥评估作用，实现以评促改、以评促进。所以，在接下来的 2~3 年里，院系将实施这些发展或改善计划，并将计划的执行情况进行总结，形成报告提交给学校。第四，阶段性评估阶段。为了确保根据评估结果制定的相关发展计划和对策能够真正发挥作用，在本次评估活动结束后的 5~8 年内，将启动新一轮的评估。新一轮的评估与前一轮相比，需要的时间更短、成本更低，外部评估程序的复杂性也大大降低，大规模的访谈次数也会减少。评估的重点不再是院系和专业的质量考察，而是重点评估检查参评高校是否将第一次评估后制定的发展和改善计划落实到位，执行的效果如何。具体包括初级评估后教学的变化、初级评估建议的实施情况、质量保障和改革措施的落实，以及毕业生的就业机会等方面。同初次评估一样，新一轮评估的结果将被用于下一次系统评估[①]。

二、国外高等教育教学评估的主要特点

由于不同国家的历史、政治、经济和文化背景不同，高等教育制度也不尽相同，因此，各国根据本国的文化和传统形成的高等教育评估制度在微观上也必然存在着一定的差异。但纵观国外高等教育评估制度的发展历史，是存在一些共同特征的。

（一）评估机构相对独立，政府间接管理

各国的高等教育评估都形成了独具特色的机构运行模式，大多数国家都有比较成型且相对独立的中介评估机构，政府通过建立相对独立的中介机构实现间接管理高校，施加对高等教育的影响力。同时，评估机构的相对独立性又增强了评估的权威性与公正性，为大学发展留下更多自为的空间。无论是美国的 CHEA、英国的 QAA，还是法国的 AERES，都是独立于政府的中介评估机构，属于代理性质，在高等教育质量保障中发挥着重大作用。例如，美国就设立了一个综合性的机构对全国各地的专业评估机构进行管理，所有机构都

[①] 汪利：德国高等教育院系评估特点评价，《理工高教研究》，2006 年第 5 期，第 41-42 页。

是非官方性质的，政府通过这些机构实现对高等教育的间接管理；在法国，虽然由中央政府主导审核评估机构，但评估机构仍然具有较大的自主权来独立开展评估活动。评估工作的实施由中介评估机构进行，同时中介机构也参与高等教育质量标准的制定和颁布，在具体评估工作开展中也由其组织不同学科的评估专家到高校进行实地考察，最后形成高校教育质量评估报告，成为中央政府对高等教育管理和决策的依据。国外高等教育评估机构会接受政府补贴，部分机构成员甚至由政府直接任命，但有明文规定，高等教育评估机构皆为独立、自治的机构，政府不能直接干预或介入具体评估过程，即质量评估标准的制定、评估方式和评估结果的发表，皆不受政府的直接干预和控制[1]。总之，国外大多数国家的政府会减少对大学的直接干预，通过中介评估机构实现对高校的间接管理。

（二）评估主体多元化，社会公众广泛参与

国外高等教育评估主体多元化，不仅只是由专业的评估机构开展，被评估的高校自身也会参与进行内部评估，同时社会力量也在评估行列中，如专业组织、社会团体、企业等。随着高等教育的普及化，高等教育的质量越发受到社会公众的关注，高校作为工商界企业优秀人才的主要培养阵地而受到企业资金支持，各类企业也更加关注高等教育质量；世界联系越来越紧密，各国之间的国际竞争实质是科技和人才的竞争，所以各个国家对人才质量提出了更高的要求。在这种大背景之下，社会力量理所当然地参与高等教育评估中，并且能够将更真实的社会对人才培养的要求、毕业生就业状况及就业市场需求等信息及时反馈给学校，让学校以社会真实需求为导向制定培养方案和学生发展规划，实现高等教育高质量发展[2]。其中，非常有特色和广受欢迎的社会力量参与高等教育评估的形式就是大学或学术排名，目前非常著名的有《泰晤士

---

① 王一兵：高等教育质量保证机制：国外趋势和中国面临的战略选择，《高等教育研究》，2002 年第 1 期，第 37-42 页。

② 吴虹雁，李俊龙：国外高等教育质量评估模式及对我国的启示，《研究生教育研究》，2014 年第 5 期，第 90-95 页。

高等教育》（THE）发布的 THE 世界大学排名、英国高等教育研究机构（QS）发布的世界大学排名（QS World University Rankings）及美国权威杂志《美国新闻与世界报道》发布的 US News 世界大学排名[①]。高等教育评估主体的多元化、社会公众的广泛参与实现了建立更完善的教育质量保障基础性标准和发挥不同类型大学特色的双赢效果。

（三）评估结果公开，持续追踪

国外高等教育评估避免以纯结果为导向，而是将结果与政府的财政拨款、教育过程和高校教育政策制定等内容相互关联。在许多国家，高等教育评估的结果不仅会向公众公开，而且这些结果通常与资金分配直接相关，并且可能作为制定后续教育政策的重要参考。高校的审核评估结果，尤其是基于评估结果对高校进行的评分和分级，对被评估高校的声誉和未来发展具有重大影响。对于高校的行政管理部门而言，审核评估结果是一个关键的工具，用于监控和提升高等教育的质量。同时，这些结果也是政府决定对某些高校或学科进行重点投资的依据。因此，在美国，高等教育机构的综合水平评估结果不仅向社会公开，还会进行排名，并在各种报纸和杂志上发表。在英国，科研水平评估的结果直接影响高等学校从政府获得的用于科研设施建设的资金支持。此外，大多数国家在完成高等教育审核评估后，十分重视评估结果的反馈，以及对整改落实情况的持续跟踪。例如，美国高等教育审核评估结束后分为 3 年、5 年或 10 年的认证周期，通常还需要提交中期专题报告，以确保评估审核后续工作得到贯彻落实；英国的高校审查评估每 6 年进行一次循环；德国一轮评估结束后，通常在 5～8 年内会启动新一轮评估。这些做法有助于确保评估结果得到有效利用，并促进高等教育质量的持续改进。法国的 AERES 非常注重评估后的追踪调查，AERES 会定期对被评估机构进行回访或复查，以了解改进措施的落实情况和成效，将持续追踪被评估机构在评估后的改进情况，并根据新的数据和观察结果更新评估报告。

综上所述，虽然各国实际国情存在差异，高等教育审核评估制度也各不相

---

① 胡德鑫：发达国家高等教育评估的发展趋势，《教育学术月刊》，2017 年第 4 期，第 36-42 页。

同，但深入探究后发现各国评价制度具有共同特征。即国家通过立法、拨款资助建立或扶持一个独立、自治的评估机构，由该机构制定审核评估的标准、要求和计划，组织专家依据评估标准对高校或院系的专业、课程等进行外部评估，并让学校同时开展内部评估，根据评估审核的结果及报告，促使高校自觉建立质量保障机制，为政府高等教育管理提供准确和科学的依据，推动高等教育高质量发展[①]。

第二节　我国高等教育审核评估政策演进

历史是最好的教科书，不同时期的教育评估政策能够反映出不同时期我国高等教育审核评估的发展状况。梳理我国高等教育审核评估政策的变化，不但能清晰认识高等教育审核评估在我国的发展，而且对持续深化我国高等教育审核评估改革及创新发展具有必要性、基础性和关键性作用。

一、我国高等教育评估政策的基本演进

高等教育是塑造国家未来、驱动社会进步的关键，是国家核心竞争力的重要源泉。高等教育审核评估作为确保高等教育体系持续健康发展的关键环节，在各个国家都受到高度重视，并形成了各具特色的高等教育审核评估制度。我国高等教育审核评估工作启动相对较晚，在评估体系及其系统性上同世界教育发达国家仍然存在一定差距。梳理我国高等教育审核评估政策的演进可见，高等教育的发展和深化改革是高等教育审核评估政策更新发展的现实依据。自 20 世纪 80 年代启动相关工作以来，颁布实施了与高等教育审核评估相关的各种政策，并逐步建立起具有中国特色的高等教育审核评估制度。

---

① 王一兵：高等教育质量保证机制：国外趋势和中国面临的战略选择，《高等教育研究》，2002 年第 1 期，第 37-42 页。

对我国高等教育审核评估政策演进的历程，不同专家学者基于不同视角进行了阶段划分。武汉理工大学周群英等将高等教育审核评估的演进历程划分为政策探索和确立期（1985—1992 年）、政策调试和完善时期（1993—2002 年）、政策全面实施和稳定时期（2003—2008 年）、政策转型和深化落实时期（2009 年至今）①。陆根书教授等将高等教育审核评估的演进历程分为第一阶段即准备阶段（1985—1990 年）、第二阶段即探索试点阶段（1990—2001 年）、第三阶段即水平评估阶段（2002—2008 年）、第四阶段即合格评估阶段（2009 年至今）②。程耀忠、刘仁金、陈尚达将高等教育审核评估的演进历程分为停滞阶段（1949—1997 年）、恢复阶段（1978—1984 年）、探索阶段（1985—1990 年）、全面发展阶段（1991—2009 年）、创新发展阶段（2010—2022 年）③。根据我国高等教育评价政策发展的实际情况，结合不同时期我国发展的时代背景，可以将高等教育审核评估政策的发展历程大致分如下五个阶段。

（一）准备探索期（1978—1984 年）

1978 年以后，政治经济领域的改革实践取得了重大成果，不仅为我国教育评价领域的改革注入了一针强心剂，也奠定了坚实的物质基础，深刻影响了教育评价政策的发展。当时，我国面临着两个急需解决的问题：一是对众多高等学校进行资格认证的问题；二是需要尽快解决我国在教育评价领域内缺乏理论、方法和专业人员的窘境。因此，我国开始将西方较为成熟的教育评价相关理论和实践模式进行研究并应用，以促进高等教育发展。当时率先开展高等教育评估实践的例子有：1981 年国务院学位委员会对全国高等学校进行的同行评议。1982 年浙江大学率先从系部开始评估工作，将人才培养质量、师资

---

① 周群英，刘晓雪：我国本科教学评估政策变迁研究——基于支持联盟框架的分析，《黑龙江高教研究》，2019 年第 5 期总第 301 期。

② 陆根书，贾小娟，李珍艳，等：改革开放 40 年来中国本科教学评估的发展历程与基本特征，《西安交通大学学报（社会科学版）》，2018 年 11 月第 38 卷第 6 期（总 152 期）。

③ 程耀忠，刘仁金，陈尚达：新中国成立以来高等教育评价制度改革的历史演进及逻辑理路，《黑龙江高教研究》，2023 年第 4 期总第 348 期。

队伍、管理水平、投资效益和发展方向五个方面为作为评估维度。1982 年，原卫生部在其所属的医学院校首先进行了统考形式的教学质量评价活动[①]。国家更加重视高等教育事业的发展和地位，组织开展了各类同高等教育评价相关的交流活动，成功积累了许多国内外的理论成果。1983 年在全国高等教育工作会议上，教育部正式提出要对重点大学进行评议。此后，首先，部分高等院校开启教育评估活动，对教学质量、实验室工作等进行内部评估；其次，一些省市的教育行政部门对本地区高等学校的课程、实践教学环节与专业等组织进行了带有评估性质的对口检查；最后，教育部负责组织了对部分高等学校硕士生培养质量的评估[②]。总之，自此我国教育部门及各类高等教育学校都陆续开展教育评估活动。特别是 1984 年，我国正式加入国际教育评价协会（IEA），并确定河北、山西、北京和天津等省市参加 IEA 组织实施的第二次自然科学教育成就评价研究活动[③]。虽然在此阶段没有出台相关的政策保障评估工作，更没有形成系统的高等教育审核评估制度，但这些在部分区域开展的少量评估活动，为我国高等教育审核评估活动做了有益的准备和探索，也为我国高等教育审核评估制度的形成和启动奠定了良好的基础。

（二）试点发展期（1985—2001 年）

1985 年 5 月，在中共中央颁布的《关于教育体制改革的决定》中首次明确提出要对高等教育质量进行评估。1985 年 6 月，原国家教育委员会组织举办了一场高等教育评估专题研讨会，会议内容聚焦我国高等教育评估的目标、意义、理论基础、实施方法，以及"高等工程院校办学水平评估方案"等，首次以有组织、有计划、全国性的方式对我国高等教育展开理论研究。1985 年

---

① 薛天祥，房剑森：我国高教质量评价研究的历史、现状与趋势，《高等教育研究》，1994 年第 3 期，第 16-23 页。

② 凌新华：从美国高教评估制度反思我国高教评估的发展，《三峡大学学报（人文社会科学版）》，2006 年第 6 期，第 111-113 页。

③ 徐金平，李锦：从国外高等教育评估制度的比较论我国高等教育评估的发展趋势，《高等建筑教育》，2005 年第 1 期，第 107-109 页。

11 月 13 日原国家教育委员会发布的《关于开展高等工程教育评估研究和试点工作的通知》是我国最早的教学评估专门文件，该文件以"建立高等工程教育评估制度"为宗旨，以"拟定科学的严格的客观的评估指标体系"为核心[①]，其目的在于全面建立高等教育评估标准和制度，让高等教育评估开展"有据可依"。1987 年 7 月 16 日，原国家教育委员会发布《关于正式开展高等工程教育评估试点工作的几点意见》，一方面肯定审核评估前期试点工作所取得的成绩，另一方面决定将试点工作重点转移到本科教育工作状况和本科生全面教育质量评估上。

1990 年 10 月，原国家教育委员会发布《普通高等学校教育评估暂行规定》（以下简称《规定》），《规定》明确了高等教育评估的性质、任务、目标、指导原则及基本方式，并强调了建立和完善高等教育评估体系和制度的重要性，成为我国首个针对普通高等教育评估的政策性规定。这为我国高等教育评估制度奠定了基本框架和理论模式，同时标志着本科教学评估的焦点从单一专业评估转变为对院校整体教学水平的评估。据统计，1986—1990 年，高等教育评估活动多层面、全方位推进，至少涉及 8 个部委、6 个省份的 500 余所高校[②]。

进入 20 世纪 90 年代后，为适应国家发展需要，高等教育改革也进入新发展阶段。在这一时期，国家制定并颁布了一系列旨在推动教育进步的指导性文件和法律规章，将教育评估定位为教育改革和高等教育发展的关键措施，启动首轮全面的高等教育评估试点工作，将我国高等教育评估工作引入了全面推进的新阶段。

1992 年 12 月，国家出台《国家教委关于加快改革和积极发展普通高等教育的意见》，要求通过修改教学基本要求及积极开展教学研究和评估活动对教学工作进行指导和管理，进一步强调了高等教育评估在促进高校发展中的重

---

① 国家教育委员会：关于开展高等工程教育评估研究和试点工作的通知，《高等建筑教育》，1987 年增刊，第 1-3 页。

② 张曦琳：中国高等教育评估制度变迁的回眸与前瞻——基于历史制度主义视角，《重庆高教研究》，2021 年第 1 期，第 77-86 页。

要作用。

1993 年 2 月，中共中央和国务院颁布了《中国教育改革与发展纲要》（以下简称《纲要》）。《纲要》以建立新型高等教育运行机制为目标，提出实施高等教育评估的方针。《纲要》第三十二条指出，要"建立各级各类教育的质量标准和评估指标体系。各地教育部门要把检查评估学校教育质量作为一项经常性的任务"，将高等教育评估作为教育改革的重要抓手。

1995 年 3 月，国家颁布《中华人民共和国教育法》（以下简称《教育法》）。《教育法》第二十五条规定"国家实行教育督导制度和学校及其他教育机构教育评估制度"，使学校教育评估的重要地位得到法律保障，以法律形式确立下来。

1998 年 5 月，由教育部主导建立了我国首个专门性的高等教育评估国家级机构——普通高等学校本专科教学工作评估专家委员会。1985 年，还发布了《关于进一步做好普通高等学校本科教学工作评价的若干意见》（以下简称《意见》），进一步将我国高等教育评估推向专业化和系统化。《意见》还强调今后要逐步将高等教育评估工作放权，交由教育部高等教育司组织专家实施，并吸纳社会力量参与其中。

2000 年 12 月 12 日，教育部高等教育司印发《教育部普通高等学校本科教学工作随机性水平评估方案（试行）》，对本科教育历史较长和通过合格评估的高校提出了更高水平和更加细致的评估要求。这一系列高等教育评估政策的出台，让我国初步形成相对完善的高等教育评估体系。

（三）规范深化期（2002—2008 年）

随着 21 世纪的到来，中国的高等教育体系已经初步形成规模，从精英教育向大众教育转型。面对大学扩招带来的教育质量问题，以及社会对高等教育质量的高度关注，高等教育评价体系、政策和实践被推动着建立、规范和完善，朝着标准化方向发展。2002 年，合格评估、选优评估、随机评估三种形式经教育部决定合并，并在《普通高等学校本科教学工作水平评估方案》中明确高等教育评估整体实施统一的基本框架，但是在具体评估实施过程中需根据不同层次、不同学科类型和不同管理归属等实际情况设计实施不同的评估方案，并选定了若干高校作为评估的试点单位。这一举措旨在通过统一和差异化相结合的评估体系，更全面、客观地评价和提升高等教育质量。

2003 年教育部发布的《2003—2007 年教育振兴行动计划》明确提出实行以 5 年为一个周期的全国高等学校教学质量评估制度。以制度明确高等教育评估工作开展频次是保证我国高等学校的人才培养质量和教学工作质量的重要保障，是推动我国高等学校教学评估工作制度化、正规化和经常化的重大决策[①]。

2004 年 8 月，《关于设立教育部高等教学评估中心的通知》和《关于下发教育部高等教育教学评估中心职责任务、管理体制、机构设置和人员编制方案的通知》的发布标志着教育部高等教育教学评估中心（现称"教育部教育质量评估中心"）的成立。这一机构的成立促使我国高等教育评估工作专业化和规范化水平迈上新台阶。教育部高等教育教学评估中心的具体职责是依据教育部制定的高等教育评估相关的政策和标准，负责对高等学校、办学机构的教学和专业教学评估工作的具体实施[②]。这标志着我国高等教育教学评估工作开始朝科学化、规范化、制度化方向发展，高等教育教学评估工作在我国已经全面铺展开来。此后，国家又相继出台多项政策推进我国高等教育评估不断深化。

2005 年 1 月，教育部出台《关于进一步加强高等学校本科教学工作的若干意见》，强调要重点推进和贯彻落实 5 年一次的普通高等学校教学工作评估制度。截至 2008 年上半年，我国首轮 5 年一次的教学评估工作已经完成，共有 1300 多所普通本专科院校参与了评估。然而，评估结果并不完全令人满意，因此评估方案进入了修订阶段，目的是制定出更加完善的方案，为下一轮本专科教学评估工作做好准备。这表明我国高等教育评估工作仍在不断探索和完善之中。

----

① 肖兴安，陈敏：我国本科教学评估政策的历史演变，《国家教育行政学院学报》，2009 年第 2 期，第 71-77 页。

② 胡萍：我国高校教学评估二十年发展历程回顾，《高等教育研究学报》，2008 年第 1 期，第 40-43 页。

（四）科学优化期（2009—2017 年）

随着高等教育评估工作的开展，国家根据实际情况对高等教育评估工作进行了科学优化。2010 年 7 月 29 日，中共中央、国务院印发《国家中长期教育改革和发展规划纲要（2010—2020 年）》提出：提高人才培养质量，包括健全教学质量保障体系，改进高校教学评估等内容；推进专业评价，包括鼓励专门机构和社会中介机构对高等学校学科、专业、课程等水平和质量进行评估；建立科学、规范的评估制度，探索与国际高水平教育评价机构合作，形成中国特色学校评价模式；建立高等学校质量年度报告发布制度等内容；提高政府决策的科学性和管理的有效性，包括整合国家教育质量监测评估机构及资源，完善监测评估体系，定期发布监测评估报告等内容。这些内容成为当时我国高等教育审核评估工作的主要内容，具有指导性。同时，也表明我国高等教育审核评估进入了内涵优化、制度创新和完善体系的新阶段。

2011 年 10 月 13 日，教育部印发《教育部关于普通高等学校本科教学评估工作的意见》，提出要建立由政府、学校、专门机构和社会多元评价构成的"五位一体"的评估体系，并将院校评估分为合格评估和审核评估两类，以增强高等教育评估的质效，改善高等教育质量。

2012 年 3 月 16 日，教育部在《教育部关于全面提高高等教育质量的若干意见》中再次强调要健全教育质量评估制度，出台高校本科教学评估新方案，加强分类评估、分类指导，建立"五位一体"的教学评估制度。

2015 年，教育部印发《关于深入推进教育管办评分离　促进政府职能转变的若干意见》，强调建立健全多元参与的教育评价体系，推进科学规范的教育评价行为。2015 年，国务院印发《统筹推进世界一流大学和一流学科建设总体方案》及其实施办法，重点在于解决高等教育评估存在的竞争缺失、重复交叉和身份固化等问题，提出分级动态支持、绩效评价、第三方评价等措施应对存在的问题。同时，提出建立有进有出的动态调整机制，防止评估僵化问题，以及通过对高校加强过程管理、实施动态监测、及时跟踪指导等措施，真正发挥评估的作用，促进高等教育内涵式发展，建成高等教育强国。出台的一系列政策使我国高等教育审核评估主体多元化、共同参与的制度体系得以建立。

（五）高质量创新期（2018—2025 年）

2018 年 1 月 30 日，教育部召开新闻发布会介绍《普通高等学校本科专业类教学质量国家标准》的相关内容，强调了本科质量监测的重要性，并提出了本科质量监测的新要求和新标准，以引领未来本科专业评估向内涵式发展转型，且有望引领全球高等教育质量保障的新趋势。2018 年 9 月 17 日，教育部印发《教育部关于加快建设高水平本科教育全面提高人才培养能力的意见》，提出要加强大学质量文化建设，完善督导评估机制，开展保合格、上水平、追卓越的三级专业认证。下一轮本科教学制度建设将以"新时代高教 40 条"确立的三维评估制度和三级认证制度为核心内容，与之相配套的"六卓越一拔尖"计划 2.0 版与"双万计划"一起通过"金专"、"金课"、"高地"和"四新"（新工科、新医科、新农科、新文科）建设，掀起了一场高等教育人才培养的质量革命[①]。

2019 年 9 月 29 日，教育部发布《教育部关于深化本科教育教学改革全面提高人才培养质量的意见》，提出要完善专业认证制度，有序开展保合格、上水平、追卓越的本科三级专业认证工作，完善高校内部教学质量评价体系，对之前开展的高等教育审核评估工作给予了积极评价，并在此基础上明确了以本科三级专业认证为核心的新时代本科教学评估新模式，这标志着我国本科教学评估工作进入了一个新的发展阶段。

2020 年，中共中央办公厅、国务院办公厅印发了《关于深化新时代教育督导体制机制改革的意见》，提出进一步深化教育督导问责机制改革，包括完善报告制度、规范反馈制度、强化整改制度、健全复查制度、落实激励制度、严肃约谈制度、建立通报制度、压实问责制度，建立健全各级各类教育监测制度，引导督促学校遵循教育规律，聚焦教育教学质量。并强调推进高校分类评价，引导不同类型高校科学定位，办出特色和水平。可见，出台的一系列新规定、新要求最终目的都在于提升高等教育质量，引领、推动高等教育评价理念与实践持续走向深化，实现科学化。

---

① 杨延，陈栋：中国本科教学评估制度：历程、经验与前景，《新疆师范大学学报（哲学社会科学版）》，2020 年第 41 卷第 5 期，第 95-102 页。

2021 年 2 月，教育部印发《普通高等学校本科教育教学审核评估实施方案（2021—2025 年）》，在总结上一轮评估经验和不足的基础之上制定了新一轮本科教育教学审核评估方案，既继承了上轮审核评估用"自己尺子量自己""五个度"等高教战线普遍认可的经验做法，又适应了"十四五"新发展阶段对普通高等学校本科教育教学审核评估提出的新要求。

从以上我国高等教育评估政策的历史演进可以清楚地看到我国高等教育审核评估体系建立的历程，从对高等教育评估工作的初步探索，到依据本国实际和吸收借鉴别国经验开启高等教育评估试点工作，后又推至全国；从政策层面上升到法律层面，实现高等教育评估工作常态化；最后形成 5 年一轮的制度化评估，并不断推进改革，使其更加规范化、专业化、科学化。

二、我国不同时期高等教育评估政策的基本对比

随着时代的变迁和我国高等教育事业的不断发展，不同历史时期对高等教育的需求和期望也在不断变化。纵观我国高等教育评估政策的演进历程，在初期，高等教育评估政策在理念上，主要服务于政治体制和经济建设需求；在评估主体上，是政府主导的单一评估主体；在评估内容上，全国实行同样的评估指标；在评估价值取向上，倾向问责和鉴定达标。随着市场经济的发展，高等教育评估逐渐转向提升教育质量和办学水平的需求，旨在促进高校内部管理和教学质量的提升。进入新时代，高等教育评估则更加注重内涵式发展和服务国家重大战略需求的能力。因此，高等教育评估政策开始以高校教学质量和立德树人为理念导向，强调评估主体的多元化，提出实行分类评估和以激励作为评估价值取向。

（一）评估理念

自 20 世纪 80 年代我国高等教育评估工作启动以来，随着教育评估理论的不断发展，高等教育评估的理念导向也在不断更新。1978 年后，高等教育发生重大变革，但高等教育评估同样是由政府主导的行政性评估。无论是高等

教育评估中的优秀评估、合格评估还是随机水平评估，其目的都是彻底贯彻国家的教育方针政策，将政治性放在首位，政治意识相当明显。后续出台的高等教育评估政策逐渐扩大了高校的自主权，将评估的目的放在教育质量本身。2013 年，教育部发布的《普通高等学校本科教学工作审核评估方案》强调高校要提升人才培养质量。在《国家中长期教育改革和发展规划纲要（2010—2020 年）》中，明确了本科教育教学审核评估的核心任务是培养人才，并促进高校全面贯彻党的教育方针，推动教学改革，提高教育质量，强化本科教学对社会经济发展和个人全面发展的服务能力。《普通高等学校本科教育教学审核评估实施方案（2021—2025 年）》进一步将立德树人作为高等教育的根本任务，倡导通过评估促进建设、改革、管理和强化，要求高校将自觉、自省、自律、自查和自纠作为质量文化建设的要点。从而建立起具有中国特色、达到世界水平的本科教育教学质量保障体系，引导高校实现内涵式发展、高质量发展，这成为新时代高等教育评估的核心理念。评估理念的每次更新都推动了高等教育评估政策的调整和完善。这些新的评估理念强调尊重高校办学自主权、注重人才培养质量和社会需求适应性等，反映了新时代我国高等教育评估存在于社会之中、服务于社会之需的价值理念。

（二）评估主体

在很长一段时间内我国高等教育评估的主体在构成上处于单一封闭的状态，从评估工作的实施开展，到评估结果的评定和应用，政府相关部门在各个环节都占据着主导地位，直接介入高等教育评估工作的组织和实施程序中，这也造成参与高等教育评估的主体较为单一固定。尽管开展评估过程中有专家参与，但社会力量参与率低，国家政策未赋予高校自评的权力。到了 20 世纪90 年代中后期，中国高等教育评估的政策开始逐步推动评估主体的多元化，并鼓励社会力量参与到高等教育评估中来。1994 年，《国务院关于〈中国教育改革和发展纲要〉的实施意见》强调高等教育评估主体结构应更加多元，应让社会力量共同参与到本科教育教学评估活动中，成为监督和保障高等教育人才培养质量的力量之一。1998 年 5 月，在教育部的主导下，我国成立了普通高等学校本专科教学工作评估专家委员会，成为首个专职高等教育评估的国家级机构。1985 年，还发布了《关于进一步做好普通高等学校本科教学工作评价的若干意见》，明确我国高等教育评估工作由教育部领导，具体实施工作由原本教育司专家变为高等学校教学工作评价专家委员会实施，同时吸纳社会力量参与。这些举措标志着我国高等教育评估工作的专业化和社会化发展进入了新的阶段。教育部于 2005 年 1 月出台《关于印发〈关于进一步加强高等学校本科教学工作的若干意见〉的通知》，再次强调政府、高校、社会共同参与本科教学评估工作对于完善高等教育评估主体结构的重大意义和构建高校教学质量保障体系的重要作用。在 2011 年，教育部宣布了一项新的高等教育评估方案，该方案基于分权原则，旨在引入多样化的评估参与者。这一方案主要体现在政府将部分权力下放给社会机构和高校，以高校的自我评估作为评估过程的重要基础，同时强调了社会中介机构在评估中的关键作用。教育部的角色转变为对评估工作进行宏观层面的管理和指导。随后的政策文件进一步强调了"管办评分离"的原则，以及第三方评估机构在确保评估过程中的中立性和公正性方面的重要性。这些措施共同推动了高等教育评估体系的多元化和专业化发展。

（三）评估内容

在高等教育尚未达到大众化和普及化阶段，无论是部属重点大学、省属重点院校还是地方普通高校，都依照相同的指标体系和评估标准来进行评估。而随着高等教育大众化的推进，其实现路径涉及高等教育类型的多样化。因此，高等教育水平必然有高有低，高等教育质量也出现分层，这要求高等教育的评估体系能够适用不同类型和层次的高校，不能对所有高校实行同样的质量标准和质量要求[①]，应构建因校而异的评估要求，实现更加精准和公平的评估。随着我国高等教育的普及化和快速发展，高等教育评估实施的分类管理成为依据高校教育教学实际情况开展评估工作的科学制度，也是助力构建高等教育高质量发展体系的关键一环。这一时期，国家出台了一系列政策文件，推动高等教育分类指导的深化发展和全面推广。1993 年国务院关于《中国教育改

---

① 顾明远：高等教育的多样化与质量的多样性，《中国高等教育》，2001 年第 9 期，第 19-20 页。

革和发展纲要》的实施意见中也明确指出不同类型不同层次的高等学校应有
不同的发展目标和重点，办出各自的特色。《国家中长期教育改革和发展规划
纲要（2010—2020 年）》中强调了优化高等教育结构和办出高校特色的重要性，
并对高等教育的分类管理提出了具体要求。在这个时期，高校分类管理政策经
历了与纲要的对接、实施和创新三个阶段，推动了高校分类指导政策的深入执
行。在教育部发布的《普通高等学校本科教育教学审核评估实施方案（2021—
2025 年）》（以下简称《方案》）中，将分类指导作为开展本科教育教学评估的
基本原则之一。这体现了教育政策对高等教育多样性和特色化发展的支持，旨
在通过分类评估引导高校明确定位，发挥各自优势，实现内涵式发展。《方案》
中还提出，要依据不同层次和不同类型高校的办学定位、人才培养目标、教育
教学水平和质量保障体系的建设情况进行分类指导，实施分类评价、精准评
价，以适应不同类型高校发展需求，让各种类型的高校都能够充分发挥自身优
势实现高质量发展。因此，新的审核评估体系将国内高校划分为两大类别，并
实施分类评估。其中一类评估专门针对旨在建设成为世界一流的高校，重点考
察这些高校在构建全球顶尖大学所必需的质量保障体系及本科教育综合改
革的措施和成果。另一类评估则涵盖了多种类型的高校，包括那些已经完成
上一轮审核评估，以培养学术型人才为主的高校和以培养应用型人才为主的
高校，以及那些首次参与审核评估、具有较短本科教育历史的地方性应用型
普通本科高校。这样的分类评估方法有助于更精准地反映和提升各类高校的
教育质量。

（四）评估价值取向

根据不同历史时期的高等教育评估政策可知，我国高等教育评估政策的
价值取向由单一价值判断转变为以激励为主，不断追求对高等教育的质量保
障和内涵式发展。自 1985 年高等教育评估正式开启一直到 1999 年，高等教
育评估属于政府实现其行政管理职能的一方面。因此，在早期的高等教育评估
中，评估的价值取向主要表现为甄选和评优。这一阶段，评估的主要目的是通
过对高校进行等级性评价，筛选出办学水平高、教育质量优的学校，并给予相
应的荣誉和物质支持。1985 年，《中共中央关于教育体制改革的决定》中提出

了依据高等教育机构的办学质量和效益来实施相应的奖励和惩罚。对于办学质量优秀、效益显著的高校，将在荣誉和物质资源上给予更多的支持和倾斜；而对于办学质量不佳、效益不高的高校，将采取整改措施，甚至可能实施停办。这一政策旨在通过奖优罚劣的方式，激励高校提升办学水平和效益。在整改期满后，重新申请评估，评估通过的学校进入下一轮审核评估，仍未通过的学校，将会受到相应的处罚。随着教育改革的深入和高等教育的发展，人们逐渐认识到单一的甄选和评优评估方式存在局限性。为了更好地促进高等教育的内涵式发展，提高人才培养质量，高等教育评估政策的价值取向开始逐渐向激励转变。1999 年我国高校招生规模发生变化后，高校教育教学质量成为大众关注的重点，但由于高校人数急剧增加和管理问题，高校教育教学质量下降。国家迅速出台相应评估政策，一方面对高等教育质量进行审核监督，另一方面政策开始表现出注重对高校激励功能的价值取向。2020 年，《全国专业学位水平评估实施方案》提出，坚决克服"五唯"顽疾，以"质量、成效、特色、贡献"为导向，引导培养单位进一步明确定位、发挥特色、内涵发展。2021 年，《普通高等学校本科教育教学审核评估实施方案（2021—2025 年）》提出，"全面落实立德树人根本任务，坚决破除'五唯'顽瘴痼疾，扭转不科学教育评价导向，确保人才培养中心地位和本科教育教学核心地位"，"引导高校内涵发展、特色发展、创新发展"。由此可见，高等教育评估政策价值取向的转变对于促进高等教育的内涵式发展、提高人才培养质量、激发高校内生动力及构建良好的教育生态具有深远的影响。

通过对比不同时期我国高等教育评估政策，可以清晰地看到评估理念、评估主体、评估内容及评估价值取向等方面的变化，从而更深入地理解高等教育评估政策的演进过程，更全面地认识当前政策，为政策的优化和调整提供有益的参考，推动高等教育评估政策的改革和创新。

第四章

高校本科教育教学审核评估的基本原则与价值取向

高校本科教育教学审核评估作为高等教育质量保障体系的关键环节，承载着落实立德树人根本任务、引领内涵式发展的重要使命。本章立足新时代高等教育内涵式发展的现实需求，系统阐释高校本科教育教学审核评估的基本原则与价值取向，最终指向构建"自觉、自省、自律、自查、自纠"的"五自"质量文化，为高等教育高质量发展提供理论指引与实践参照。

第一节　高校本科教育教学审核评估的基本原则

高校本科教育教学审核评估是提升高等教育质量的关键环节，其基本原则集中体现了新时代教育发展的核心要求。立德树人植根中华传统德育精髓与马克思主义教育理论的融合，通过"三全育人"体系锚定社会主义办学方向，强化人才培养的价值内核；推进改革紧扣教育生态适应性变革规律，以"四个回归"重塑教学中心地位，驱动质量保障从规模扩张转向内涵提升；分类指导立足高等教育多样化发展格局，通过"两类四种评估套餐"实施柔性分类评价，破解同质化桎梏，激活高校差异化发展动能；问题导向构建"监测—诊断—改进—复查"动态闭环，依托常态化质量监测与主体责任落实机制，形成持续改进的内生动力；方法创新顺应数字化转型趋势，融合大数据、人工智能等技术重构评估范式，实现精准化、轻量化评估。这些原则既蕴含教育规律的理论自觉，又彰显实践导向的方法创新，共同构筑起中国特色高等教育质量保障体系的四梁八柱。

一、坚持立德树人

"坚持立德树人"是高校本科教育教学审核评估的核心原则之一,其重点在于把牢社会主义办学方向,构建以立德树人成效为根本标准的评估体系,加强对学校办学方向、育人过程、学生发展、质量保障体系等方面的审核,引导高校构建"三全育人"新格局。立德树人不仅是高等教育的根本任务,也是时代赋予高等教育的重要使命。

(一)立德树人的理论基础

立德树人的思想根植于中国传统教育思想,同时结合了现代教育学和德育理论的发展。在中国古代,教育的核心理念是"德才兼备,以德为先",这种理念在《大学》中的表述尤为典型:"大学之道,在明明德,在亲民,在止于至善。"这表明德育在中国教育传统中的核心地位。

进入现代,随着教育理论的不断发展,德育与智育的关系进一步被明确。现代教育学家如陶行知、蔡元培等人都提倡"全人教育",强调教育不仅要传授知识,还要塑造学生的人格与道德品质。立德树人理念也成为当代中国教育方针的重要组成部分,它强调要培养学生的社会责任感、创新精神与实践能力。

教育应当通过德育,促进人的全面发展,使个人成为对社会、国家有用的社会主义建设者和接班人。

(二)立德树人的政策背景

1978年后,中国高等教育经历了飞速发展,国家对高校本科教育提出了更高的要求。2012年,教育部发布了《关于全面提高高等教育质量的若干意见》,明确提出要"坚持立德树人",将德育作为高等教育的根本任务。2019年,中共中央、国务院发布的《中国教育现代化2035》也进一步明确指出,全面落实立德树人根本任务。

在此背景下,教育部针对高校本科教育出台了一系列政策措施。例如,《普通高等学校本科专业类教学质量国家标准》强调,高校应将思想政治教育与专业教育有机结合,促进学生德才兼备地发展。2018年,全国教育大会更是明确指出，立德树人是教育的根本任务，必须贯穿于教育教学的各个环节中。

这些政策的出台，为高校开展德育工作提供了坚实的制度保障，同时也为本科教育教学审核评估提供了明确的政策依据。

（三）立德树人的实践意义

1. 培养社会主义核心价值观

立德树人不仅是知识的传授，更是思想的塑造。通过德育教育，学生能够树立社会主义核心价值观，增强民族自豪感与社会责任感。高校应通过课程思政、校园文化建设等方式，推动学生形成正确的世界观、人生观、价值观。课程思政是一种将思想政治教育与专业课程内容有机结合的教育形式。例如，工程类专业可以结合"工匠精神"的教育，培养学生的职业素养与社会责任感；医学类专业则可通过临床实践课程，强化学生的医德教育。通过这种方式，德育不仅仅局限于思政课程，而是融入所有学科的教学中。

2. 促进学生的全面发展

立德树人不仅要着力于思想品德的培养，还要促进学生个体的全面发展。根据全面发展教育理论，德育是智育、体育、美育、劳育的基础。通过德育，学生能够在个人修养、团队合作、创新实践等方面得到综合提高，从而具备更强的适应能力与创新精神。当前，许多高校都在积极探索如何通过校园活动、社会实践等方式培养学生的综合素质。例如，许多高校通过志愿服务活动，培养学生的社会责任感；通过创新创业大赛，激发学生的创造力与实践能力。这些活动不仅是对课堂教学的延伸，更是德育工作的重要组成部分。

3. 服务社会和国家发展

高等教育的最终目标是为国家和社会培养有用的人才。立德树人作为高校本科教育的核心任务，要求学生不仅要具备扎实的学科知识，更要具备社会责任感和创新精神。通过德育的培养，学生能够更好地理解国家和社会的需求，愿意并有能力为国家发展和社会进步贡献力量。

在科技进步和社会变革加速的背景下，国家和社会对高层次人才提出了新的要求。高校应通过立德树人的实践，培养学生的责任感、奉献精神和团队合作能力，推动他们成为能够应对复杂问题的领军人才。

（四）立德树人的实践路径

1. 深化课程思政改革

课程思政改革应当从表面化、形式化走向深度融合。高校应积极推动思政课程与专业课程的有机融合，通过课程设计、教学方法的创新，使德育真正融入学科教学的各环节中。例如，教师可以通过课堂讨论、案例分析等方式，将德育内容与学科知识相结合，增强学生的参与感和代入感。

2. 加强德育评估体系建设

德育的效果评估一直是一个难点。应要求高校建立健全德育评估体系，通过定量与定性相结合的方法，全面衡量学生的德育成长情况。例如，除传统的思想政治素养考查外，还可以通过观察学生安全法纪素养、道德品质修养和荣誉奖励等方面，综合评估他们的德育素养。

3. 提高思政课教师的专业素养

思政课教师的素养直接影响思想政治教育的效果。应要求高校加强思政课教师的培训，通过交流学习、进修等方式，提高他们的教学能力和思想政治教育工作水平。同时，思政课教师应当关注社会现实，通过了解当下社会热点问题，不断更新德育教育内容，使之更具针对性和实效性。

立德树人是高校本科教育教学审核评估的重要原则，也是高校教育教学改革的核心任务之一。坚持立德树人，有助于高校培养出德才兼备、全面发展的高素质人才，为国家和社会的繁荣进步作出贡献。

二、坚持推进改革

"坚持推进改革"是高校本科教育教学审核评估的重要原则之一。教育是国家发展的基石，而高等教育作为国家人才培养的重要环节，必须紧扣本科教育教学改革主线，通过持续不断地改革，高校才能更好地落实"以本为本""四个回归"，强化学生中心、产出导向、持续改进，才能更好地应对新形势下人才培养面临的挑战，提升教育质量，培养具备创新能力、适应能力和社会责任感的高素质人才；才能更好地以评估理念引领改革、以评估举措落实改革、以评估标准检验改革，实现高质量内涵式发展①。

（一）推进改革的必要性

在全球化和信息化的背景下，高等教育的改革已经成为时代的必然要求，推进教育教学改革既是高校应对外部环境变化的手段，也是其内部提升教学质量、优化管理机制的必由之路。

1. 适应社会发展需求

随着科技进步与产业升级，社会对人才的需求发生了显著变化。当前，许多传统的职业被自动化技术取代，人工智能、信息技术、生物工程等新兴领域快速发展，这要求高校能够培养出具备跨学科知识、创新思维与实践能力的人才。然而，传统的教育体系在教学内容和培养模式上存在明显滞后，无法满足当前要求。因此，高校必须通过改革调整学科设置、更新教学内容，提升学生的创新与实践能力，确保人才培养与社会发展同步。

2. 应对教育国际化的挑战

全球化的教育竞争日益激烈，世界一流大学在教学资源、教育理念、人才引进等方面展现出强大的吸引力。在此背景下，高校应通过改革加强与国际高校的合作与交流，借鉴国际先进的教育理念与方法，提升自身的教育水平和国际竞争力。特别是在教师队伍建设、学科发展和教学方法创新等方面，高校亟须加大改革力度，以应对全球化带来的挑战。

3. 推动教育公平与高质量发展

高校改革还应聚焦教育公平与资源优化配置。虽然我国高等教育的普及

---

① 欧阳若昀：英国研究型大学课程质量保障体系研究——以牛津大学为例，广西大学论文，2021 年。

化取得了显著成效，但区域发展不平衡、学校资源分布不均等问题仍然存在。许多中西部地区的高校在办学条件、师资力量、教学资源等方面与东部沿海地区存在明显差距。因此，推进教育教学改革有助于打破这种不平衡，推动教育资源的均衡分配，提升整体教育质量，确保每一位学生都能享受到高质量的本科教育。

4. 适应学生多样化发展的需求

当前的学生群体呈现出多样化的特点，他们的学习方式、职业规划、兴趣爱好等方面差异明显。传统的"一刀切"式的教学模式难以满足这些学生的个性化需求。高校必须通过教育教学改革，推动教学方式的多元化与个性化，因材施教，帮助每一位学生发挥其潜力，培养他们在社会中独立思考、创新实践的能力。

（二）推进改革的具体措施

为了落实推进改革的目标，高校在多个方面展开了积极探索，包括教育理念的更新、课程体系的优化、教学方法的创新、教师队伍的建设等。以下是高校推进教育教学改革的几项重要措施。

1. 更新教育理念，优化教学目标

改革的第一步在于更新教育理念。高校应从传统的"知识传授型"教育向"能力培养型"教育转变，强调学生综合素质的提升。教育的最终目标不应只是传授学生学科知识，而是要让学生具备独立思考、解决问题、团队合作等多方面的能力。具体来说，许多高校已经将"创新型人才"培养纳入教育目标，强调学生在创新意识、创业精神、跨学科思维等方面的全面发展。

2. 优化课程体系，推动学科交叉与融合

课程体系的优化是推进改革的关键。传统的课程设置往往按照学科门类严格划分，不利于学生形成跨学科思维。如今，许多高校开始打破这种学科壁垒，推动学科交叉与融合。例如，一些高校设立了"创新学院"或"跨学科研究中心"，鼓励学生在多个领域内自由选修课程，培养他们的跨学科思维和综合解决问题的能力。

此外，高校还积极探索通识教育的改革，注重学生的广博知识与全面素质的培养。通识课程的设置不仅涵盖文学、历史、哲学等传统学科，还引入了现代科技、社会问题等主题，帮助学生从多角度看待和分析世界。

3. 推动教学方法的创新，倡导互动式、探究式教学

在教学方法上，许多高校开始摒弃传统的灌输式教学，转而推行互动式、探究式教学方法。例如，"翻转课堂"作为一种新的教学模式，已经在许多高校得到了推广。在这种模式下，学生在课前通过在线学习平台自主学习基本知识，课堂上则通过讨论、案例分析、实验等方式进行深入探讨。这种教学方式不仅能够激发学生的学习兴趣，还能够培养他们的自主学习能力和创新思维。

此外，案例教学、项目式学习、问题式学习等教学模式的引入也使得教学更加灵活和高效。特别是在理工科专业，项目式学习能够让学生通过参与实际项目，锻炼他们的团队合作与实践能力，进一步将理论知识与实际应用结合起来。

4. 加强教师队伍建设，提升教师教学能力

教师是教育改革的关键力量。高校在推进改革的过程中，必须加强教师队伍建设，提升教师的教学能力与科研水平。许多高校通过引进海外优秀教师、设立教学科研奖励等方式，吸引高水平人才加入。同时，高校鼓励教师参加国内外的教学研讨会与交流项目，学习先进的教学理念与方法。

此外，针对教师的教学能力提升，高校还设立了专门的教学培训项目。例如，一些高校定期举办教学工作坊，为教师提供教学设计、课堂管理、教学技术等方面的培训，帮助他们提高教学质量。通过这种方式，高校能够培养出一支既具备高水平科研能力，又能胜任教学工作的教师队伍。

5. 推进信息化建设，推动教育技术的应用

信息化是推动教育教学改革的重要工具。高校通过建设智慧校园、引入在线教学平台、开发数字化教学资源等方式，推动教育技术与教学实践的深度融合。例如，许多高校已经建立了大规模在线开放课程（MOOC）平台，学生可以通过这种平台进行自主学习，极大地丰富了学习资源。

通过信息化建设，教师能够更加灵活地管理课程，学生也能够根据自己的

学习进度进行个性化学习。这不仅提升了教育的效率，还为教育资源的共享提供了可能，特别是对于偏远地区的高校，信息化手段能够帮助他们更好地利用全国乃至全球的教育资源网络。

（三）推进改革面临的挑战

虽然推进改革取得了显著成效，但是高校在改革过程中仍面临许多挑战。

1. 教育资源不平衡

虽然国家在推动教育资源均衡分配方面做了大量工作，但是由于地域和经济发展差异，不同高校在资金投入、师资力量、教学设备等方面的差距仍然存在。部分中西部地区高校由于经费不足，难以跟上改革的步伐，这在一定程度上影响了教育公平与整体教育质量的提升。

2. 教师改革意识与能力不足

教师是改革的主力军，但部分教师在观念上还未完全转变，仍然沿用传统的教学方法。此外，部分高校教师的负担较重，特别是科研压力使得他们难以投入更多精力进行教学改革和创新。这种现象在一些科研型高校尤为明显。

3. 改革措施的持续性与系统性不足

高校的改革往往缺乏长期规划和系统性。一些高校在推进改革时，容易出现"虎头蛇尾"的现象，即改革的初期阶段热情高涨，但随着时间推移，改革措施的推进力度逐渐减弱，甚至停止。这种现象导致改革效果难以持续显现。

（四）推进改革的未来方向

1. 建立长期改革机制

高校应制定详细的改革规划，确保每一项改革措施能够得到落实。通过设立专门的改革领导小组，定期评估改革效果，调整改革方向，确保改革的长期性与有效性。

2. 加大资源投入，促进公平发展

政府应进一步加大对教育的投入，尤其是在中西部和欠发达地区，确保教育资源的公平分配。通过加强这些地区高校的基础设施建设，提供师资培训与资源共享，缩小地区间的教育差距。

3. 提升教师的改革意识与能力

高校应加强教师的改革意识培养，鼓励他们积极参与教学改革。通过教学研讨会、教学竞赛等方式，激发教师的教学热情，并为他们提供相应的教学支持和激励措施。

4. 推动教育技术的创新与应用

随着信息技术的不断发展，高校应进一步推动教育技术的创新与应用。通过引入大数据、人工智能等技术，优化教学设计，提升教学效果。同时，鼓励教师利用这些新技术，开发更多数字化教学资源，为学生提供更加丰富和灵活的学习方式。

坚持推进改革是提升高校本科教育教学质量的必然选择。通过改革，高校不仅能够更好地应对社会发展的挑战，还能够为国家培养出更多具备创新能力、社会责任感和全球视野的高素质人才。未来，随着改革的进一步深化，高校的教育教学质量将会得到全面提升，为中国的教育现代化进程作出更大贡献。

三、坚持分类指导

"坚持分类指导"是高校本科教育教学审核评估的重要原则之一。分类指导强调在不同类型、不同层次的高校中，根据其具体情况因地制宜地制定和实施相应的教育教学审核评估标准和措施。中国的高等教育体系多元化发展迅速，各类高校在学科设置、办学目标、学生群体等方面差异显著。只有通过坚持分类指导，根据不同层次不同类型高校办学定位、培养目标、教育教学水平

和质量保障体系建设情况，实施分类评价、精准评价，才能适应高等教育多样化发展需求，进而引导和激励高校各展所长、特色发展①。

（一）分类指导的政策背景

中国的高等教育体系具有多样性，不同类型的高校在学科结构、人才培养目标、资源配置等方面存在明显差异。例如，"双一流"建设大学、重点以学术型人才培养为主要方向的高校（以下简称"学术型高校"）、重点以应用型人才培养为主要方向的高校（以下简称"应用型高校"）等定位不同，因而有着各自不同的办学特色和任务。因此，教育部对不同类型高校提出了差异化的指导方针。

自 2013 年《普通高等学校本科教学工作审核评估方案》发布以来，教育部多次强调，审核评估工作必须结合高校类型、发展阶段及具体情况进行分类指导。这一原则具体体现在政策文件中，如《深化新时代教育评价改革总体方案》和《关于深化新时代教育督导体制机制改革的意见》等。《深化新时代教育评价改革总体方案》明确指出"推进高校分类评价""改进本科教育教学评估"，《关于深化新时代教育督导体制机制改革的意见》明确指出"加强和改进教育评估监测"。针对上一轮审核评估在坚持用"自己尺子量自己"方面存在的相关问题，围绕普及化阶段高等教育多样化需求，新一轮审核评估采取柔性分类方法，按类型把尺子做细，提供两类四种"评估套餐"，引导一批高校定位于世界一流，推动一批高校定位于培养学术型人才，促进一批高校定位于培养应用型人才。比较相同类型常模的长短，高校可以自主选择不同类型的常模数据做比较分析，从而进一步找准所处坐标和发展方向。

---

① 教育部教育质量评估中心：《普通高等学校本科教育教学审核评估（2021—2025 年）工作指南》，北京：高等教育出版社，2022 年。

（二）坚持分类指导的必要性

高等教育的多样化与分类指导的必要性密不可分。中国高校的办学规模和类型多种多样，从一流研究型大学到地方应用型高校，再到职业技术学院，每类高校在教育教学中的关注点与面临的挑战各不相同。为了保证教育审核评估工作更加公平、公正和有效，坚持分类指导很有必要。

1. 不同类型高校发展定位的差异

"双一流"建设大学侧重于培养一流拔尖创新人才，服务国家重大战略需求，学术型高校侧重前沿科学研究和高层次人才的培养，其本科教学强调学生的学术能力与科研能力的提升。相较而言，应用型高校则更加注重学生的实践能力与就业导向，强调理论与实践相结合，培养面向产业和社会需求的应用型人才。因此，不同类型的高校在审核评估时应依据其办学定位和特色进行分类指导。

2. 教育资源与条件的不平衡

东部沿海地区的高校普遍具有较为优越的办学条件和资源，能够吸引更多优秀的教师和学生，而中西部地区的高校在办学经费、师资力量、科研设备等方面相对落后。如果不根据高校所在区域和资源条件进行分类指导，统一的评估标准将不利于反映这些高校的真实水平，也不利于教育公平的实现。因此，通过分类指导，可以帮助资源相对不足的高校找到适合自己的发展路径，促进全行业的共同进步。

3. 学科与专业设置的多样化

高校的学科与专业设置具有多样性和复杂性。一些高校在理工科领域具有显著优势，而另一些高校则在人文学科或社会科学方面更具特色。如果采用统一的评估标准，很难全面、公正地反映出不同学科领域的教育质量。因此，分类指导有助于根据不同学科的特点进行更为精准的评估，确保每所高校在其优势领域得到充分认可，并通过评估找到进一步改进和提升的方向。

4. 学生群体的多样化

不同类型的高校面对的学生群体差异较大。"双一流"建设大学和学术型高校的学生通常具有较强的学术能力和科研潜力，而应用型高校的学生则更注重应用能力的提升和就业能力的增强。因此，在评估教学质量时，必须考虑到学生群体的多样性，不能以"一刀切"的方式进行评估。例如，"双一流"建设大学和学术型高校的评估可以更多关注学生的科研参与度和学术成果，而应用型高校则应更多关注学生的实践能力和就业率。

（三）坚持分类指导的具体实施途径

为了有效实施分类指导，可以从以下几个方面入手，逐步形成分类评估的机制和方法。

1. 根据办学定位和目标分类评估

不同类型的高校有着不同的办学目标和定位。例如，"双一流"建设大学和学术型高校的目标是培养高层次的学术人才和科研人才，应用型高校的目标是培养具备实用技能的专业人才。因此，教育主管部门在制定审核评估标准时，必须充分考虑到这些高校的不同发展目标，制定适应各高校特点的评估指标体系。

在评估指标的设置上，"双一流"建设大学和学术型高校可以更多关注学术科研能力的培养与国际化水平的提升，如学生参与科研项目的情况、学术成果的数量与质量、国际交流项目的参与度等。而对于应用型高校，评估重点应放在学生的实践能力和就业导向上，如校企合作的深度与广度、实习实践教学的实施情况、毕业生就业率及其对行业发展的贡献等。

2. 依据学科特点进行分类指导

在分类指导的过程中，还应充分考虑高校学科设置的特点。例如，理工科类高校在实验教学、科研创新能力等方面具有显著优势，而人文科学类高校则注重学生的思辨能力和文化素养的提升。因此，在评估理工科类高校时，实验室条件、科研设备、项目制学习的开展情况应成为重要考察内容。而在评估人文科学类高校时，应该关注学生的理论学习、文化理解、批判性思维等能力的培养情况。

具体来说，在理工科类高校的评估中，可以通过量化指标评估学生的科研成果、实验室实践能力等内容，确保学校能够为学生提供良好的科研环境。而在人文科学类高校的评估中，可以更加强调课程体系的完整性、学生的学术论文写作能力及参与国际文化交流的广度与深度。

3. 区域性分类指导，促进区域高等教育均衡发展

高校所处的地域环境直接影响其发展条件与资源配置。因此，在实施分类指导时，还应考虑到高校所在的地域。东部沿海地区的高校由于地理位置优势，在经济资源、社会影响力、国际交流等方面具有较大优势，而中西部和偏远地区的高校则相对处于劣势。在进行评估时，必须根据高校所在区域的实际情况进行差异化评估。

对于中西部地区的高校，制定评估标准时应更多地考虑其在资源条件有限的情况下，如何通过创新教学模式、优化资源配置等方式提高教育质量。同时，评估时也应特别关注这些高校在促进区域经济社会发展方面的贡献，尤其是其在本地人才培养、脱贫攻坚及技术支持等方面的成效。

4. 以多元化评估方式实施分类指导

实施分类指导需要在评估方式上进行多元化的探索和创新。传统的评估方法主要依赖定量指标，如师资力量、科研成果、就业率等。然而，不同类型的高校在这些指标上的表现差异较大，单一的定量评估难以全面反映出高校的教育质量。因此，分类指导的一个重要内容是采用定量与定性相结合的多元化评估方式。

例如，"双一流"建设大学和学术型高校可以通过教师和学生的学术访谈、科研成果展示、学术论文评审等方式进行定性评估，了解学校在培养科研型人才方面的具体情况。而对于应用型高校，可以通过企业反馈、校企合作的案例分析、学生实习成果展示等方式进行定性评估，确保评估结果能够真实反映学校的实践教学成果。

5. 推动校企合作与社会参与，促进应用型高校的分类评估

应用型高校在培养学生实践能力和提升就业竞争力方面具有重要作用，因此，校企合作是应用型高校分类指导中的一个重要内容。通过加强校企合作，学校可以根据行业需求调整课程设置，增强学生的实践能力。而在审核评估中，应用型高校的校企合作质量、学生的就业去向及用人单位的反馈等都应成为重要的评估指标。

四、坚持问题导向

"坚持问题导向"是高校本科教育教学审核评估的重要原则之一。问题导向的核心在于建立"问题清单"，通过发现、分析和解决问题严把高校正确办学方向，落实本科人才培养底线要求，提出改进意见，强化评估结果使用和督导复查，推动高校落实主体责任、建立持续改进长效机制，培育践行高校质量文化。相较于简单的结果导向或任务导向，问题导向更加注重过程管理和教育教学中的真实问题，有助于高校根据自身的实际情况作出针对性的调整与改进。

（一）坚持问题导向的背景与重要性

问题导向是教育管理中一项科学、务实的原则，它要求在教育教学过程中时刻关注可能存在的不足和挑战，及时采取有效措施进行改进。坚持问题导向的背景包括以下几个方面。

1. 高等教育内外部环境的变化

随着全球化进程的加快和信息技术的飞速发展，高等教育面临的外部环境日益复杂，社会对高校人才培养质量的要求也越来越高。现代高校不仅需要为学生传授知识，还必须培养他们的创新思维、批判性思维及适应复杂环境的能力。因此，审核评估必须紧扣社会需求和高校内部发展需求，准确发现问题并及时调整策略，才能确保高校的培养目标与社会需求相契合。

2. 学生需求的多样化

当代大学生的个性和需求差异化较大，不同背景、能力的学生对教育教学的期待各不相同。因此，高校在教学设计、课程安排及学生支持服务方面，需要灵活应对并不断调整。这种变化要求高校通过问题导向的方式，发现教育过程中不适应学生发展需求的内容，并采取相应的措施进行改进，以实现因材施教和个性化培养。

3. 提升教育质量的必然要求

中国高等教育正在从"量的扩展"转向"质的提升"。在这一转型过程中，高校必须摆脱单纯追求规模扩张的模式，转而更加关注教育教学的内涵式发展。只有通过发现并解决教学、管理中的问题，才能持续提升教育质量，并通过问题的解决带动学校的全面进步。

4. 增强国际竞争力的需要

随着全球教育一体化进程的加快，高校必须不断提升自身的国际竞争力，这就需要高校在人才培养、学科发展、科研创新等方面不断发现问题并改进。通过问题导向的评估方式，高校可以更加清晰地了解自身的优势与不足，在国际化进程中找到合适的突破口。

（二）坚持问题导向的实施路径

为了坚持问题导向，高校需要在审核评估中充分应用发现问题、分析问题和解决问题的循环过程。在具体的实施过程中，可以从以下几个方面入手。

1. 建立问题识别机制

高校首先需要建立起完善的问题识别机制，通过定期的教学反馈、师生访谈、课堂观察等方式，及时发现教育教学过程中的问题。例如，可以通过学生学习体验调查、教师教学体验调查、课程评价等方式，收集来自学生、教师的意见和建议。这些反馈数据是问题识别的基础，能够帮助学校及时了解教学中的不足。

2. 进行深度分析与分类

发现问题只是第一步，高校还需要对发现的问题进行深入分析和分类。这要求高校具备一定的教育诊断能力，对反馈信息进行整理和分析，找出问题的根本原因。例如，某一门课程的教学效果不佳，可能源于教师教学方法的局限、课程内容与学生期望的偏离，或是资源配置的不足。通过多维度分析，可以更清晰地了解问题的来源，进而为后续改进措施的制定提供依据。

此外，问题分析时应考虑到问题的多层次性。一些问题可能只是表面现象，而其背后往往隐藏着更深层次的结构性问题。因此，在问题导向的过程中，学校应着重挖掘问题背后的根本原因，防止"头痛医头、脚痛医脚"的浅层次处理。

3. 制定针对性改进措施

在问题分析的基础上，高校需要根据问题的性质和影响范围，制定相应的改进措施。例如，对于课程内容陈旧的问题，可以通过引入新的教学资源或课程设计理念进行更新；对于教师教学方法滞后的问题，可以组织教学研讨会、工作坊，提高教师的教学能力。问题导向的核心在于改进措施的针对性和可操作性，要避免过于泛化或形式主义的整改方案。

在改进措施的制定过程中，还应注意将短期改进与长期发展结合起来。例如，某些教学方法上的改进可能会在短期内产生效果，而对于教学理念和学科发展方向的调整，则需要长期的持续努力。因此，改进措施的制定应同时考虑到当前的紧急问题和未来的发展需求。

4. 构建持续改进的评估机制

问题导向并不是一蹴而就的，它需要一个长期的、持续的评估机制来保障改进的有效性。高校可以通过建立周期性的自我评估和外部评估机制，及时监测改进措施的实施效果，确保问题的解决能够带来实质性的提升。同时，评估机制还应具有灵活性，能够根据评估结果及时调整改进策略，确保持续优化。

在这个过程中，还应充分引入外部专家的评估意见，避免内部视角的局限性。例如，学校可以邀请其他高校的专家学者进行教学评估或审核，借助外部力量发现问题并提出改进建议。这不仅能够扩大观察问题的视角，还能够推动高校与外界的交流合作。

5. 推进信息化建设，提升问题导向的精准度

信息技术的发展为问题导向的实施提供了强有力的支持。高校可以通过大数据分析、教育管理系统等信息化手段，及时、全面地发现教学、管理等环节中的问题。例如，通过对课堂教学数据、学生学业数据的智能化分析，可以快速发现哪些课程教学效果不佳、哪些学生在学业上存在困难等问题。

通过信息化手段，不仅可以提高问题识别的精准度，还可以加快问题反馈和改进的速度。同时，信息化平台也为评估结果的共享与追踪提供了便捷途径，确保每个环节的问题能够及时反馈和解决。

（三）坚持问题导向面临的挑战

尽管问题导向在理论上具有明确的指导意义，但在实际操作中，高校面临着不少挑战和困难。

1. 问题识别的主观性与局限性

在实际的教学评估中，问题的识别往往带有主观性。例如，学生对课程的评价可能受到个人兴趣、学科背景、教师风格等因素的影响，评价结果难以全面、客观地反映教学质量。同样，教师对教学问题的反馈也可能因为其个人经历、学科视角的局限而不能准确把握问题的全貌。因此，如何提高问题识别的客观性与全面性，避免"一叶障目"，是坚持问题导向面临的一个重要挑战。

2. 深层次问题的隐蔽性

在坚持问题导向的过程中，很多深层次的问题往往隐藏在表面问题之后，难以被及时发现。例如，某一专业学生的就业率较低，表面上可能是课程设置不合理，但深入分析可能发现课程内容与学科发展方向、社会需求脱节有关。这种深层次问题的隐蔽性，使得高校在识别问题时需要投入更多的资源和时间，可能导致改进措施滞后。

3. 改进措施的落实困难

改进措施的落实是问题导向的核心环节，但在实际操作过程中，往往面临资源不足、政策滞后等困难。例如，一些高校可能在硬件设施上难以满足教学改革的要求，或者由于教师队伍的教学理念滞后，难以有效推动改革。此外，校内管理体制的僵化和部门之间的协调困难，也会影响改进措施的有效实施。

4. 缺乏持续改进的文化氛围

在一些高校，问题导向的实施缺乏持续改进的文化氛围，往往表现为形式化的评估和改进。例如，某些学校的评估只流于表面，关注的是评估结果而非问题的实质解决，导致改进措施难以产生成效。如何在高校内部培育一种注重持续改进的文化氛围，使得每个教学和管理环节都能够主动发现问题并进行优化，是当前高校教育评估面临的一大挑战。

（四）坚持问题导向的未来发展方向

为了进一步加强问题导向在高校本科教育教学审核评估中的应用，未来可以从以下几个方向着手。

1. 提升问题识别的智能化水平

随着人工智能技术的进步，高校可以通过智能化系统和数据分析工具，提升问题识别的效率与精准度。例如，利用人工智能对教学过程进行实时监控与分析，及时发现教学中的问题，并根据数据反馈进行实时调整。这种智能化的手段不仅可以提高问题识别的效率，还能够减少主观因素的干扰，使问题导向的实施更加科学和客观。

2. 深化改进措施的系统性与长效性

高校在制定改进措施时，不能仅针对某一具体问题采取局部的改进，而应着眼于系统性和长效性。例如，在应对教师教学能力不足的问题时，不仅需要开展短期的教学培训，还应通过系统的教学评价机制和职业发展规划，帮助教师提升长期的教学水平。同样，对于学科发展中的问题，学校应着眼于长期发展战略，通过调整学科结构、引进优秀人才等方式，提升学科的竞争力。

3. 加强评估机制的动态调整能力

问题导向强调持续改进，因此评估机制必须具备动态调整的能力。未来的评估机制可以更加灵活和多元化，根据学校的发展阶段和外部环境的变化，及时调整评估标准和改进策略。例如，当某一学科的评估指标发生变化时，学校应及时调整其发展规划，以确保学科评估指标与学校发展方向的一致性。

4. 促进国际合作与交流

在坚持问题导向的过程中，国际合作与交流可以为高校提供宝贵的经验和资源。例如，通过与国际知名高校合作，引入其先进的教育评估理念和方法，帮助本校发现问题并借鉴国际化的解决方案。同时，国际合作与交流还可以促进高校教育质量的提升，增强其国际竞争力。

5. 营造良好的质量文化氛围

为了推动问题导向的有效实施，高校需要在内部营造积极主动地发现问题、解决问题的质量文化氛围。学校管理层应重视评估反馈，鼓励教师和学生积极参与评估，并建立有效的激励机制，鼓励各部门和教学单位主动发现问题并提出改进建议。

坚持问题导向是提升高校本科教育教学质量的关键路径之一。通过及时发现和解决问题，高校可以在激烈的竞争环境中保持优势，并不断优化其人才培养模式。在未来，随着信息技术的进步和国际合作的深化，问题导向将更加科学、精准地引领高校的教育评估和发展方向，从而为中国高等教育水平的持续提升奠定坚实基础。

五、坚持方法创新

"坚持方法创新"是高校本科教育教学审核评估的重要原则之一。在本科教育教学审核评估的过程中，方法创新不仅是形式上的变革，更深层次地体现在评估理念、技术手段、评估方式及组织管理等多个方面的优化与突破上，可以综合运用互联网、大数据、人工智能等现代信息技术手段，深度挖掘常态监测数据，采取线上与入校结合、定性与定量结合、明察与暗访结合等方式，切实减轻高校负担，提高工作实效。

（一）坚持方法创新的背景与重要性

随着高等教育环境的不断变化，传统的评估方法逐渐显现出其局限性。在这一背景下，方法创新显得尤为重要。具体而言，坚持方法创新的背景与重要性体现在以下几个方面。

1. 高等教育评估需求的复杂化

随着教育理念的变革，教育评估不再局限于单一维度的评价，而是更注重多维度、多角度的综合评价。传统的评估方法往往过于依赖定量指标，忽视了教育的复杂性和多样性。通过创新评估方法，可以更加科学、全面地反映高校的真实教学水平和教育质量，为学校的教学改进提供有力依据。

2. 评估对象的多样化

随着高校的不断扩招，学生的背景和需求呈现出多样化趋势，不同学科、专业、学生群体在教学质量上的期望和需求各不相同。传统的评估方法往往难以适应这种多样化的需求，无法全面反映不同对象的差异化特点。创新评估方法有助于因材施评，充分体现评估的公平性和针对性。

3. 提升教育教学质量的内在需求

高等教育正在从"规模扩张"向"内涵提升"转型，教育教学质量的提升成为高校发展的核心任务。传统的评估方法往往过于关注表面结果，难以深入挖掘教育教学中的深层次问题。而通过方法创新，高校可以更加关注教学过程中的关键环节和难点问题，有效提升教育教学质量。

4. 信息技术进步的推动

随着信息技术的快速发展，本科教育教学审核评估创新面临着前所未有的机遇。大数据、人工智能、云计算等新技术的应用为评估方法创新提供了强大的技术支持。通过信息技术手段的创新应用，高校评估可以变得更加智能化、科学化和个性化。

（二）坚持方法创新的实施路径

为了确保在本科教育教学审核评估中有效落实方法创新，需要从评估理念、技术手段、评估方式及组织管理等多个方面进行创新。具体的实施路径如下。

1. 更新评估理念，构建多维度评估体系

传统的评估往往过于注重定量数据，如课程通过率、学生就业率等。然而，教育质量的提升并不仅仅体现在这些定量数据上，还包括许多定性方面的内容，如学生的创新能力、批判性思维等。因此，在创新评估方法时，必须首先更新评估理念，建立多维度、综合化的评估体系，既包括定量数据的评估，也包括定性分析，从而实现对高校教育教学质量的全面把握。

多维度评估体系应包括以下几个方面的内容。

（1）教学效果评估：关注教师的教学方法、学生的学习体验及教学资源的配置等方面。

（2）学生发展评估：不仅要评估学生的学业表现，还要评估其在创新能力、团队合作能力、批判性思维等方面的发展情况。

（3）课程与专业设置评估：评估课程内容是否与时俱进，专业设置是否满足社会需求，以及课程之间的关联性和协作性。

（4）校园环境与支持服务体系评估：评估高校在学生成长过程中提供的文化环境氛围和支持服务体系，确保学生在学习之外能够得到身心的全面发展。

2. 引入大数据与人工智能技术，推动评估智能化

大数据和人工智能技术为教育评估方法的创新提供了强有力的技术支持。通过对大量教学数据、学生反馈数据及课程数据的收集与分析，评估者可以更加精准地掌握教学中的问题并确定改进方向。例如，利用大数据分析技术，评

估者可以识别出学生在某些课程中的学习困难点，了解学生学习的个性化需求，从而为教学改革提供数据支持。

人工智能技术也可以广泛应用于评估过程中的数据自动化处理和分析。例如，通过自然语言处理技术，评估系统可以自动分析学生和教师的评价反馈，提取出关键问题，并生成相应的改进建议。这不仅可以提高评估的效率，还能够减少人为干预对评估结果的影响，确保评估结果的客观性和公正性。

此外，人工智能技术还可以应用于教学过程的实时监控和分析。例如，评估系统可以通过监控学生的课堂表现、作业完成情况等，及时发现学生的学习问题并进行干预。这种实时评估方式可以帮助高校更加动态、灵活地掌握教学效果，并在教学过程中及时进行调整与改进。

3. 开展基于学生学习成果的评估

学生学习成果评估是近年来高校教育评估中的一个新趋势。相比于传统的评估方法，学生学习成果评估更加注重学生在学习过程中所取得的实际成果和能力发展。它不仅关注学生的考试成绩，还关注学生在解决实际问题、创新能力和团队合作等方面的发展。

实施基于学生学习成果的评估，首先需要明确学习成果的评估标准。例如，对于工科学生，可以设定他们在毕业时应具备的设计、开发、创新能力的具体指标；对于文科学生，则可以设定其在分析问题、写作表达、批判性思维等方面的评估标准。其次，评估手段应从传统的纸笔考试扩展到项目展示、案例分析、创新成果汇报等多种形式，从而更加全面、准确地反映学生的真实能力。

4. 推广个性化评估方式，满足多样化需求

随着学生个性化需求的增加，传统的"一刀切"评估方式已经难以满足学生的差异化发展需求。因此，在方法创新中，必须推广个性化评估方式，使评估结果能够更加符合不同学生的特点与需求。

个性化评估方式可以通过以下途径实现。

（1）基于学生学习轨迹的评估：通过记录学生在学习过程中的每个关键节点，如课堂表现、作业完成情况、课外活动参与度等，进行综合评估。这种评估方式可以更加精准地反映学生的成长轨迹和发展潜力。

（2）开放式评估方式：传统的评估方式往往限制在特定的标准和形式内，而开放式评估可以给予学生更多的自由，让他们根据自己的兴趣和专长来展示学习成果。例如，某些课程可以让学生自主选择作业形式，如论文、项目、视频展示等，这种开放式评估方式不仅激发了学生的创造力，也更加适应学生的个性化需求。

5. 加强国际合作，引入全球先进评估方法

随着全球化的发展，教育评估的国际化趋势愈加明显。在坚持方法创新时，还应积极借鉴和吸收国际先进的教育评估理念和实践经验。例如，国际上广泛应用的"持续改进"评估方法可以为国内高校提供借鉴，它强调通过评估持续发现问题并实施改进，从而推动高校教育质量的不断提升。

此外，国内高校还可以与国际知名高校和评估机构开展评估合作项目，互相学习彼此的评估经验与方法。例如，通过与国外高校或评估机构合作开发评估指标体系、共享评估数据，可以促进评估方法的国际化标准制定，提升高校的国际化办学水平。

第二节　高校本科教育教学审核评估的价值取向

价值取向是评估过程中的一个重要问题，它决定评估工作开展的方向，并指导评估实践活动[①]。从政策发展的历史轨迹来看，我国本科教育教学评估经历了一个从工具理性到价值理性的转变过程。自 1985 年第一份本科教育教学评估相关的政策文件颁布以来，我国就在实践中不断探寻提高本科教育教学评估的有用性，以对社会主义教育事业进行有效监督与管理服务。工具理性的发展无疑有助于提高评估效率，但脱离价值理性的评估对于保证高等教育质量却无所作为，这也是我国本科教育教学评估不断变革、发展的根本原

---

① 周静，李晓虹：政策导向视角下我国本科教育教学评估的价值转向，《煤炭高等教育》，2022 年第 2 期，第 36-43 页。

因。新时期的评估政策致力于评估意识的唤醒，以评估理念的更新、评估目的的调整、评估主体的丰富、评估内容的完善、评估程序的规范等方面突破工具理性的限制，体现本科教育教学评估对人的发展价值的关注，引导本科教育教学评估各项工作规范、有序地开展，为高等教育质量不断提高提供原动力。

一、引导高校将审核评估新理念贯穿人才自主培养全过程

本科教育教学审核评估的核心在于提升高校教育教学质量与效果，确保高校能够培养出具有创新能力、社会责任感和国际视野的人才。评估理念作为指导整个评估活动的基本思想，决定了评估的方式、标准和导向。

（一）坚持立德树人、德育为先的理念

培养什么样的人、怎样培养人、为谁培养人，是教育必须首先回答好的根本问题。新一轮审核评估从以往的"教学"评估变为"教育教学"评估，区别就是从过去聚焦教学工作和教学要素转向聚焦以教学为基础的育人工作，对学校育人的全员、全过程、全方位进行综合评估，更加注重全面评估高校立德树人成效。要坚持把立德树人成效作为检验学校一切工作的根本标准，将立德树人完整、全面、准确地体现在学校工作的各方面、全过程；要健全立德树人落实机制和"负面清单"，形成培养目标一致、职责分工合理、育人合力显著的立德树人工作新格局；要认真做好自评报告中立德树人情况的"必答题"，总结学校贯彻落实立德树人根本任务的举措及取得的成效，查找分析存在的问题并提出有针对性的改进措施，把立德树人贯穿学校评建改工作的全链条，进而贯穿人才培养过程始终。

（二）坚持"以本为本""四个回归"的理念

高校承担着多项职能，但核心职能是人才培养。人才培养的基础是本科教育，对于走向普及化阶段的高等教育来说，高质量的本科教育对于建设教育强

国至关重要。新一轮审核评估重申"以本为本""四个回归"理念，就是强调高校要回归人才培养本位，确保人才培养的中心地位、本科教育的核心地位。审核评估视域下的本科教育教学改革一定要坚持人才培养为本、本科教育为根，把回归常识、回归本分、回归初心、回归梦想作为改革与发展的基本方向，引导教师静下心来教书，潜下心来育人，投入充足的时间和精力，引导学生全面健康发展。

（三）坚持以学生为中心、产出导向、持续改进的理念

2018 年，我国高等教育教学质量国家标准——《普通高等学校本科专业类教学质量国家标准》在研制过程中紧紧把握世界高等教育发展的先进理念，遵循"学生中心、产出导向、持续改进"三大原则，新一轮审核评估再次强调这三大原则。这些理念对引导和促进教育改革、保障和提高人才培养的质量至关重要。突出以学生为中心，要更多关注学生的学习、学生的发展和学习的成效，在专业建设、课程设置、实践教学、"双创"教育等培养过程中注重激发学生的学习兴趣，在教学资源和条件的配置使用上更多考虑学生的需求。突出产出导向，要根据经济社会发展新需求和国家发展战略新需要，完善人才培养方案，设定合理培养目标和毕业要求，优化课程设置，更新教学内容，创新教学形式，切实提高人才培养的目标达成度和社会适应度。突出持续改进，通过改革构建常态化教育教学质量保障体系，把教学动态监测和经常性评估紧密结合起来，及时评价，科学诊断，全面反馈，持续改进，推动人才培养质量不断提升。

二、以审核评估指标引领本科教育教学改革重点

审核评估指标体系既是评价高校人才培养工作的度量衡，也是引领教育教学改革的风向标。新一轮审核评估的重点就是教育教学改革的着力点。高校要对照审核评估指标体系，把准教育教学改革的方向，把优势做优，把短板补齐，推动人才培养质量和学生发展水平全面提升。

（一）突出人才培养的政治要求

要牢牢把握教育的政治属性，更加突出从国家利益的高度看教育，坚守为党育人、为国育才的初心使命，坚定社会主义办学方向，坚定不移培养社会主义建设者和接班人。要严格落实"六个下功夫"①要求，筑牢思想政治工作生命线，推进思政课提质增效，做好课程思政和思政课程同向同行，持续深化"三全育人"②，培养造就可堪重任的时代新人。

（二）筑牢新时代教育价值观

要坚决破除"五唯"顽瘴痼疾，改变不科学、不合理的教育评价导向，把认真履行教育教学职责作为评价教师的基本要求，把教学评价从重视数量转向更加重视质量和水平，把考核重点聚焦到教书育人成效上来，聚焦到教学科研有机融合上来，引导教师潜心教书育人，在绩效考核、职称评聘等制度设计中落实"以本为本"，推进"四个回归"。把培养目标达成度、社会需求适应度、师资和办学条件保障度、质量保障运行有效度、学生和用人单位满意度等作为检验教育教学改革成效的标准。

（三）强化培养过程管理

以评价学生学习态度、学习效果及发展成效为导向，优化课程学习评价方式，加强过程考核，完善过程性考核与结果性考核有机结合的学业考评制度。鼓励改革考核方式，合理确定课堂问答、学术论文、调研报告、作业测评、阶段性测试等过程考核比重。严格考核标准，严肃考试纪律，确保课程学习目标达成，促进优良学风建设。

---

① 六个下功夫：在坚定理想信念上下功夫，在厚植爱国主义情怀上下功夫，在加强品德修养上下功夫，在增长知识见识上下功夫，在培养奋斗精神上下功夫，在增强综合素质上下功夫。

② 三全育人：全员育人，全程育人，全方位育人。

（四）重视师资队伍建设

坚持师德师风评价第一标准，健全教师荣誉体系，加大教学工作奖励力度，引导教师以德立身、以德立学、以德施教。积极培养和引进高质量人才，大力培育优秀教学团队，完善多层次、专业化和常态化的教师教学能力培训体系，更加重视教师教学能力提升、教学投入和教师发展，更加强调教授和高层次人才为本科生授课。

三、以关键领域为突破口推进本科教育教学改革

（一）深入推进新工科建设

主动适应产业发展趋势，服务国家发展战略和地方社会经济发展需求，加快学科专业结构优化调整，进行现有工科专业全要素改造升级，将相关学科专业发展的前沿成果、最新要求融入人才培养方案和教学过程。加大国家重大战略、战略性新兴产业、区域支柱产业相关学科专业的建设力度，对接智能网联新能源汽车、新一代电子信息制造业、先进材料三大主导产业集群，打造特色鲜明、相互协同的学科专业集群。推动现有工科交叉复合、工科与其他学科交叉融合、应用理科向工科延伸，形成新兴交叉学科专业，培育新的工科领域。

（二）持续强化新文科建设

聚焦数字化演进中的时代课题和现实需要，推动文科间、文科与理工学科交叉融合，推动新文科特色发展，探索发展法律大数据与智慧法治、人工智能与传播、人工智能与翻译、数字经济、设计学等文科类新兴学科专业，推动现有文科专业的改造升级和结构调整，主动服务国家软实力提升和文化繁荣发展。推进文科专业数字化、智能化改造，深化文科专业课程体系和教学内容改革，做到价值塑造、知识传授、能力培养相统一。在数字社会科学领域的学科体系、知识体系、话语体系构建中作出有影响力的贡献。

（三）高度重视拔尖创新人才培养

积极落实"国家急需高层次人才培养专项"，依托领军企业、重点院所等资源，创新招生、培养、管理、评价模式，超常规布局建设急需学科专业，建成一批高层次人才培养基地，形成更加完备的高质量人才培养体系，显著提升高层次人才自主培养能力。全面加强基础学科拔尖创新人才培养力度，在拔尖学生超常规选拔、本硕博贯通培养、科教融合协同育人和长周期评价等机制改革方面进行探索创新。支持学院结合各类纵横向科研项目、各级科学技术奖励成果，按照学科方向与技术难易程度构建学科交叉、分级植入的科研训练项目库，不断提升学生的创新创业能力。

（四）持续推动产业学院建设

围绕国家和区域科技创新战略布局，建设省部级未来技术学院，积极申报国家级未来技术学院。主动对接国家和区域产业集群体系和主导产业，按照"进园区、到区县、驻企业"的合作模式，建设现代产业学院。持续加强国家级现代产业学院建设力度，着力推进国家级特色化示范性软件学院、国家级一流网络安全学院等新型学院建设，不断提高学校特色化办学水平。

（五）打造特色化学科专业集群

坚持以一流专业为引领，健全专业动态调整机制，主动做好专业设置"加减法"，推动本科专业转型升级。一是要面向国家战略需求和地方主导产业、战略性新兴产业，结合学校实际，特别是要面向人工智能、智能通信、智能安全、智能制造、智能汽车、智慧健康、智慧教育、智能决策、智能芯片、生物信息、量子信息、数字经济、数字法学、数字文化等特色领域，适当增加新的专业。二是要升级传统优势专业，提高传统专业的社会适应性。三是必须淘汰一些社会需求不大、生源质量不好、培养质量不高、就业形势不乐观的专业。

（六）推进教育教学数字化改革

立足数字中国、数字城市和数字校园建设，不断推动数字技术和智能技术驱动的教育教学场景创新，丰富适应学习、学情智能诊断，以及智慧课堂评价等场景应用，推动线上线下融合互动、深层次课堂变革，创新以学习者为中心的教学模式，加强智能教学系统、智能教学助手、智能学伴等的普及应用。着力培育数字素养持续提升的高水平教师队伍，不断提升教师开展数字化教学的意识和水平。

四、以一流质量文化支撑本科教育教学改革

教育教学改革是一项复杂的系统工程，需要不断探索和创新。新一轮审核评估将"质量文化"列入指标体系，旨在推动高校积极构建自觉、自省、自律、自查、自纠的大学质量文化，建设基于自主和责任的质量文化，推动教育教学改革从强调外部驱动转向内在自觉，从自上而下行政推进转向自下而上主动作为。要坚持以制度完善为保障，强化全员参与意识，将质量意识、质量标准、质量评价、质量管理等落实到教育教学各环节，在教育教学改革过程中完善监测、评价、反馈、诊断、整改等环节，打造一流教学质量文化。一是健全教学各环节质量标准。要对照新一轮审核评估指标体系，进一步完善各教学环节基本规范和教学管理基本流程。二是健全教学质量保障体系。以本科教学质量报告、学院本科教学评价、专业评价、课程评价、教师评价、学生评价为主体，健全全链条多维度教学质量评价与保障体系。三是加强督导检查和反馈。建强专兼结合的校院两级教学督导队伍，完善"导教、导学、导管"的教学督导机制。加大实践性环节专项检查力度。四是确立以学生发展为中心的质量理念。推动教学质量评价由教学水平向学习成效评价的转变，完善"信息采集、数据处理、效果评估、结果反馈、持续改进"的教学质量跟踪与反馈机制。

第五章

高校本科教育教学审核评估的
内容维度与基本方法

第一节　高校本科教育教学审核评估的内容维度

一、学校维度

在本科教育教学审核评估中，"学校维度"是评估的核心对象之一。评估的主要目的是推动高校全面落实立德树人根本任务，坚决破除"五唯"顽瘴痼疾，扭转不科学的教育评价导向，确保人才培养中心地位和本科教育教学核心地位，引导高校内涵发展、特色发展、创新发展，培养德智体美劳全面发展的社会主义建设者和接班人①。因此，深入探讨学校维度的评估对象，有助于更全面地理解和把握高校教育教学审核评估的内涵与意义。

（一）学校发展战略

学校发展战略是影响学校未来发展方向的重要因素，是评估学校维度的重要对象。评估中需要关注学校的战略目标与定位、发展规划与实施、创新能力与成果等方面，以判断其在教育教学改革中的前瞻性和科学性。

1. 战略目标与定位

学校的战略目标和定位是其发展的基础，直接影响教育教学质量。评估中

---

① 熊晓辉：普通高校本科教学审核评估需要核心价值观的引领，《湖南涉外经济学院学报》，2018 年第 02 期。

需要分析学校是否明确了发展目标，是否根据自身的优势和特点制定了合理的发展定位。同时，学校的发展目标和发展定位是否符合社会需求和行业发展趋势，也是评估的重要内容。

2. 发展规划与实施

学校的发展规划是实现战略目标的重要路径，评估中需要关注学校的发展规划是否科学、可行，是否具备系统性和前瞻性。此外，发展规划的实施情况也是评估的重要内容，只有将发展规划有效落实到实际操作中，才能推动学校的持续发展。

3. 创新能力与成果

创新能力是学校持续发展的动力，评估中需要关注学校在教育教学改革、科研创新等方面的能力和成果。学校是否积极开展教学改革、探索新型的人才培养模式、提升教育教学质量，都是评估的重要内容。通过对学校创新能力的评估，可以判断其在教育教学改革中的活力和发展潜力。

（二）学校管理水平

学校管理水平是评估学校维度的另一个重要对象，包括学校的组织架构与治理结构、决策机制与执行力、制度建设与执行、资源配置与效率等方面。良好的管理能够有效促进学校的教学和科研活动，提高整体教育教学质量。

1. 组织架构与治理结构

学校的组织架构与治理结构直接影响决策效率和执行力。评估中需要关注学校的组织架构是否科学合理，是否能够满足教育教学发展的需要。此外，学校的治理结构是否完善、权责是否明确，也是影响学校管理水平的重要因素。通过对组织架构和治理结构的评估，能够识别管理中的潜在问题，并提出改进建议。

2. 决策机制与执行力

学校的决策机制直接影响其发展方向和实施效果。评估中需关注学校的决策过程是否科学、透明，决策是否能够有效落实到具体的教育教学活动中。同时，执行力的强弱也直接关系到学校战略的实施效果。只有通过科学的决策和有效的执行，才能保障学校的持续发展与教育教学质量的提升。

3. 制度建设与执行

学校的制度建设是管理水平的重要体现，合理的制度可以为教育教学提供保障。评估中需要关注学校是否建立了完善的管理制度，如教学管理制度、质量监控制度、师生评价制度等。这些制度的有效执行能够促进学校管理的规范化、系统化，从而提升整体教育教学质量。

4. 资源配置与效率

学校的资源配置是影响教学和科研质量的重要因素。评估中需要分析学校在资金、设施、人员等资源上的配置是否合理，是否能够满足教育教学和科研活动的需要。同时，资源配置的效率也是评估的重要内容，只有通过科学合理的资源配置，才能最大限度地提高教育教学质量。

（三）学校整体教育教学质量

学校整体教育教学质量是评估的基础，也是最为重要的评估对象。整体教育教学质量的评估不仅包括学生的学业成绩和综合素质，还涉及课程设置、教学方法、教学资源、师资力量等多个方面。整体教育教学质量评估的重要内容包括以下几方面。

1. 课程设置与课程体系

课程设置是学校教育教学质量的重要体现，反映了学校在人才培养目标和培养方案方面的科学性和合理性。评估时，需要关注课程设置是否满足社会需求和符合行业标准，是否平衡了基础课程和专业课程，是否具备培养学生综合能力的特点。此外，课程体系的层次性、系统性和衔接性也是评估的重要指标。只有构建科学合理的课程体系，才能有效推动学生的全面发展。

2. 教学方法与手段

教学方法与手段直接影响教学效果，是评估学校教育教学质量的重要依据。学校应根据学生的特点和学科的性质，采取多样化的教学方法，如案例教学、项目教学、翻转课堂等。同时，现代信息技术的应用也为教学手段的多样化提供了新的可能性。评估中需要关注学校是否积极引入新型的教学方法与手段，是否能够适应不同学生的学习需求，提升教学的有效性和趣味性。

3. 教学资源与环境

教学资源的丰富性和环境的适宜性是影响教育教学质量的重要因素。学校应具备良好的教学设施，如实验室、图书馆、网络学习平台等，为学生的学习提供必要的支持。此外，校园的文化氛围、学习氛围等环境因素也会直接影响学生的学习效果。评估过程中，应对学校的教学资源和环境进行全面分析，判断其对教学质量的促进作用。

4. 师资力量与教师发展

师资力量是学校教育教学质量的重要保障。评估中需要关注教师的专业素养、教学能力、科研水平等方面。教师不仅要具备扎实的学科知识，还需具备良好的教学能力和沟通能力，以帮助学生更好地理解和掌握课程内容。同时，学校应为教师的发展提供支持，如职业培训、科研项目、教学评比等，促进教师专业成长，从而提高整体教学质量。

综上所述，学校维度是高校本科教育教学审核评估的重要对象，涉及整体教育教学质量、管理水平和发展战略等多个方面。在评估过程中，应全面、系统地分析学校的各项指标，以判断其在教育教学质量提升中的整体能力和水平。对学校维度进行深入评估，不仅可以发现学校在教育教学中的优势和不足，还能为学校的持续发展提供科学依据和切实建议。

二、教师维度

在本科教育教学审核评估中，"教师维度"是另一个重要的评估对象。教师是教育教学活动的直接参与者和推动者，他们的专业素养、教学能力、科研水平等直接影响学生的学习效果和教育教学质量。因此，深入探讨教师维度的评估对象，有助于全面理解高校教育教学审核评估的内涵和重要性。

（一）教师的专业素养

教师的专业素养是衡量其教育教学能力的重要指标，主要包括学科知识、教学能力、职业道德等多个方面。

1. 学科知识

教师对其所授课程的学科知识储备和专业背景是教育教学质量的重要保障。评估时需要关注教师是否具备扎实的学科基础知识，是否能跟上学科前沿发展趋势。教师应定期参加相关的培训和学术交流，不断更新和扩充自己的专业知识，以适应快速变化的教育需求。同时，教师对学科知识的深入理解和掌握，能够有效提升学生的学习效果，促进学生在知识和能力上的全面发展。

2. 教学能力

教学能力是教师能否有效开展教学活动的关键。评估中需要分析教师的教学方法、课堂管理、与学生的互动等方面。优秀的教师能够根据学生的特点和需求，灵活运用多种教学方法，提高课堂教学的趣味性和有效性。同时，教师的课堂管理能力与教学活动能否顺利进行密切相关，良好的课堂氛围能够激发学生的学习积极性，提升学习效果。

3. 职业道德

教师的职业道德与教育教学质量密切相关。评估中应关注教师的职业操守、责任心、敬业精神等方面。教师作为学生的引导者和榜样，应该具备良好的职业道德，关注学生的成长和发展。在教学过程中，教师不仅要传授知识，还应关注学生的心理健康、品德修养等方面，为学生的全面发展提供支持。教师职业道德的高低直接影响学生对教师的信任和尊重，从而影响教学效果。

（二）教师的教学能力

教师的教学能力是教育教学质量的重要保证，评估时需关注教师的教学设计、教学实施、教学评价等多方面的能力。

1. 教学设计

教学设计是教师教学活动的起点，涉及课程目标的设定、教学内容的选择、教学方法的确定等方面。教师在进行教学设计时，应根据课程目标和学生特点，合理安排教学内容与进度，确保教学目标的实现。同时，教师还应关注教学设计的灵活性，能够根据学生的学习情况和反馈，及时调整教学计划，以达到最佳的教学效果。

2. 教学实施

教学实施是教师将教学设计转化为实际教学活动的过程。评估中需要关注教师在课堂教学中的表现，包括教学语言的表达、教学工具的运用、学生的参与度等。教师应具备良好的沟通能力，能够清晰地传达知识点，同时激发学生的思维，引导他们积极参与课堂讨论和互动。此外，教师应灵活运用多种教学工具和手段，提高教学效果。

3. 教学评价

教学评价是教师对学生学习效果进行评估和反馈的过程。教师应制定科学合理的评价标准，全面、客观地评价学生的学习成绩和能力发展。同时，教师还应为学生提供及时的反馈，帮助他们了解自身的优缺点，明确改进方向。良好的教学评价不仅能够促进学生的学习，还能为教师的教学改进提供依据。

（三）教师的科研水平

教师的科研水平影响着高校教育教学质量。科研不仅是推动学科发展的重要动力，也是教师提升自身素养和教学水平的重要途径。评估中需关注教师的科研能力、科研成果、科研项目等方面。

1. 科研能力

教师的科研能力直接关系到其在学术领域的影响力和贡献。评估中需要分析教师的科研素养，包括科研思维、实验技能、数据分析等能力。教师应具备独立开展科研的能力，能够独立设计研究方案，解决研究过程中遇到的各类问题。此外，教师还应具备跨学科的科研能力，能够与其他学科的教师和研究者进行有效的合作与交流。

2. 科研成果

科研成果是衡量教师科研水平的重要指标，包括发表的学术论文、获得的科研项目、申报的专利等。评估中应关注教师科研成果的数量与质量，特别是在高水平学术期刊上发表的论文和获得的科研奖励等。同时，教师的科研成果是否能够转化为教学内容，提升课堂教学质量，也是评估的重要内容。

3. 科研项目

教师参与的科研项目数量及其影响力直接反映了教师的科研水平与学术地位。评估中需关注教师在各类科研项目中的角色，如项目负责人、参与者等，以及项目的资助情况和影响范围。参与高水平科研项目不仅能提升教师的专业能力，还能为其在课堂教学中带来新的知识和视野，促进教学内容的更新与发展。

（四）教师的职业发展

教师的职业发展是教育教学质量提升的重要保障。评估中需要关注教师的专业培训、职业晋升、学术交流等方面。

1. 专业培训

专业培训是提升教师专业素养的重要途径。评估中应关注学校教师教学发展中心建设情况和为教师提供的培训机会，包括校内培训、外部研修、学术会议等。教师应定期参加相关的培训活动，更新自己的知识储备和教学技能，以适应教育发展的需要。此外，学校还应鼓励教师自主学习，关注新兴教育理念和技术的应用，提升自身的综合素质。

2. 职业晋升

教师的职业晋升与其教学能力和科研水平密切相关。评估中需关注学校的职业晋升机制是否科学、合理，是否能够激励教师不断提升自身能力。学校应建立公平、公正的晋升评价体系，通过多元化的评估方式，综合考虑教师的教学效果、科研成果、社会服务等方面的情况，为教师的职业发展提供良好的空间和机会。

3. 学术交流

学术交流是促进教师专业发展的重要方式。评估中应关注教师参与各类学术交流活动的情况，如学术会议、研讨会、合作研究等。通过学术交流，教师能够与同行进行经验分享和观点碰撞，获取新的知识和思路。此外，学校也应鼓励教师与国内外高水平学术机构的合作，提升教师的学术影响力和专业素养。

综上所述，教师维度是本科教育教学审核评估的重要对象，涉及教师的专业素养、教学能力、科研水平和职业发展等多个方面。在评估过程中，应全面、系统地分析教师的各项指标，以判断其在教育教学质量提升中的整体能力和水平。通过对教师维度的深入评估，不仅可以发现教师在教学中的优势和不足，还能为教师的职业发展和学校的教育教学改革提供科学依据和切实建议。

三、学生维度

在本科教育教学审核评估中，"学生维度"是评估体系中的关键组成部分之一。学生是教育教学活动的受益者和参与者，他们的学习效果、发展需求和满意度直接反映教育教学质量的高低。因此，深入探讨学生维度的评估对象，有助于全面理解高校教育教学审核评估的内涵和重要性。

（一）学生的学习效果

学生的学习效果是评估教育教学质量的核心指标之一，包括知识掌握程度、能力提升和素质发展等方面。

1. 知识掌握程度

知识掌握程度是衡量学生学习效果的重要依据。评估中应关注学生在各门课程中知识的掌握情况，包括基本概念、理论框架、实践技能等。通过期末考试、平时作业、课堂测试等多种方式，教师可以获取学生对知识的理解和应用能力，进而判断教学效果。此外，还应关注学生对学科前沿知识的掌握情况。

2. 能力提升

能力提升是学生在学习过程中另一个重要的评价指标。评估中应关注学生在批判性思维、问题解决能力、沟通能力、团队合作等方面的提升。教育教学应注重培养学生的综合素质，使其不仅能够掌握理论知识，还能将知识运用到实践中。例如，通过项目式学习、案例分析、实验操作等方式，培养学生的实践能力和创新思维，提升其解决实际问题的能力。

3. 素质发展

素质发展是学生在学习过程中全面成长的重要体现。评估中应关注学生的品德修养、心理健康、社会适应能力等方面的发展。教育教学不仅要关注学生的学术表现，还应关注其人格的塑造与道德观念的形成。学校应通过丰富多样的活动，如社会实践、志愿服务、文化活动等，培养学生的社会责任感和团队精神，促进其全面发展。

（二）学生的学习态度

学生的学习态度是影响学习效果的重要因素，评估中需关注学生的学习动机、学习投入和学习反馈等方面。

1. 学习动机

学习动机是推动学生学习的重要内在动力。评估中需关注学生的学习动机来源，包括内在动机（如对知识的渴望、对学科的兴趣）和外在动机（如成绩、奖学金、家长期望等）。内在动机通常更能促使学生主动学习，而外在动机则可能促使学生在短期内提高学习成绩。通过调查问卷、访谈等方式，可以了解学生的学习动机，从而为教学改进提供依据。

2. 学习投入

学习投入是学生在学习过程中所付出的时间和精力。评估中需关注学生的学习时间分配、学习方法和参与度等。高效的学习投入可以提高学习效果，而低效的投入则可能导致学习成绩不理想。教师应引导学生合理安排学习时间，培养有效的学习方法，并通过互动式教学、课堂讨论等方式提高学生的参与度，激发其学习兴趣。

3. 学习反馈

学习反馈是学生自我评估和反思的重要环节。评估中需关注学生对自己学习过程和结果的反馈情况，包括对学习内容的理解、对教师教学的评价等。通过定期的学习反思，学生能够更好地认识自身的优缺点，明确学习目标与改进方向。学校应鼓励学生主动与教师沟通，提出自己的意见和建议，形成良好的师生互动氛围。

（三）学生的需求与发展

学生的需求与发展是评估高校教育教学质量的重要方面，包括学业指导需求、职业发展需求和心理健康需求等。

1. 学业指导需求

学生的学业指导需求是其在学习过程中对知识、技能和学业支持的期望。评估中应关注学生对课程设置、教学内容和学习资源的需求，包括对专业知识的深入了解和对实践机会的渴望。学校应通过调查问卷、座谈会等方式，及时了解学生的学业指导需求，并根据反馈进行课程调整和资源配置。

2. 职业发展需求

职业发展需求是学生在学习过程中对未来职业的规划与准备。评估中需关注学生的职业意识、实习机会和职业指导等方面。高校应为学生提供多样化的职业发展支持，包括职业规划讲座、实习机会、就业指导等，帮助学生明确职业目标，提升其就业竞争力。同时，学校应与企业和行业建立合作关系，为学生提供更多的实践机会和职业发展渠道。

3. 心理健康需求

心理健康需求是学生在学习和生活中对心理支持的渴望。评估中应关注学生的心理健康状况、心理辅导服务的可及性和有效性等。学校应建立完善的心理健康服务体系，定期开展心理健康教育活动，帮助学生了解心理健康知识，提高自我调适能力。通过个别咨询、团体辅导等方式，及时发现并解决学生的心理问题，促进其身心健康发展。

（四）学生的参与和互动

学生的参与和互动是衡量教育教学效果的重要方面，评估中需关注学生在课堂学习、课外活动和学术交流等方面的参与情况。

1. 课堂学习参与

课堂学习参与是学生在课堂教学中表现出来的主动性与积极性情况。评估中需关注学生在课堂上的发言、提问、讨论和合作学习等情况。高水平的课堂参与能够提高学生的学习效果，培养其批判性思维和团队合作能力。教师应通过设计互动性强的教学活动，激励学生积极参与，提高课堂教学的活跃度和有效性。

2. 课外活动参与

课外活动是学生拓展知识与能力的重要平台。评估中应关注学生参与各类课外活动的情况，包括社团活动、文体比赛、社会实践等。通过参与课外活动，学生能够提升组织能力、沟通能力和领导力，丰富其学校生活。高校应为学生提供多样化的课外活动机会，鼓励学生积极参与，促进其全面发展。

3. 学术交流参与

学术交流是学生获取知识、提升能力的重要途径。评估中需关注学生参与学术交流活动的情况，包括学术研讨会、学术竞赛、研究项目等。通过参与学术交流，学生能够拓宽视野，提升创新能力和学术水平。高校应鼓励学生参与各类学术活动，为其提供展示成果的平台，促进其与学术界的交流与合作。

（五）学生的满意度与反馈

学生的满意度是评估教育教学质量的重要参考指标，评估中需关注学生对课程、教师、学习环境等方面的满意度。

1. 课程满意度

课程满意度是学生对所学课程内容、教学方法和评价方式等方面的总体评价。评估中需通过问卷调查、访谈等方式，了解学生对课程的看法与建议。高满意度的课程通常能够激发学生的学习兴趣，促进其能力的提升与对知识的掌握。学校应根据学生反馈，及时调整课程设置与教学安排，以提高课程的吸引力与有效性。

2. 教师满意度

教师满意度是学生对教师教学水平、沟通能力、关怀态度等方面的评价。评估中需关注学生对教师的评价和反馈，了解教师在课堂上的表现及对学生学习的支持情况。高满意度的教师往往能够激发学生的学习动力，形成良好的师生关系。学校应鼓励学生提供反馈意见，并根据学生的评价指导教师的教学改进与专业发展。

3. 学习环境满意度

学习环境满意度是学生对学习设施、教学资源和校园氛围等方面的评价。评估中需关注学生对教室、实验室、图书馆等学习场所的使用情况与满意度，以及对校园文化与氛围的感受。良好的学习环境能够提升学生的学习积极性，促进其身心健康发展。学校应关注学生对学习环境的反馈，改善学习设施与服务，提高学习环境的舒适度与实用性。

综上所述，学生维度是高校本科教育教学审核评估的重要对象，涉及学生的学习效果、学习态度、需求与发展、参与和互动及满意度与反馈等多个方面。在评估过程中，应全面、系统地分析学生的各项指标，以判断教育教学质量的真实水平。通过对学生维度的深入评估，不仅可以发现教学中的优势和不足，还能为教育教学改革提供科学依据与切实建议。

第二节　高校本科教育教学审核评估的周期和基本方法

高校本科教育教学审核评估的周期设定、分类体系与方法创新构成质量提升的核心架构。评估周期以 5 年为单位，既遵循教育政策法规的顶层设计，又贴合高校办学规律、教学周期性特征及学生发展需求，通过定期诊断与持续改进，形成常态化质量保障机制。评估分类采用柔性化设计，依据办学定位与人才培养目标，提供两类四种"评估套餐"。方法体系则创新融合线上线下"一体化"评估，运用研读材料、深度访谈、听课看课等多元手段，结合大数据技术挖掘常态数据，强化问题诊断与改进导向，构建"以评促建"的良性循环。

一、高校本科教育教学审核评估的周期

本科教育教学审核评估是保障教育质量的重要手段，而评估的周期性安排则是确保评估工作系统化、常态化、科学化的基础，合理的评估周期不仅有助于学校及时发现问题、改进教学，更能促进教育教学的持续发展。审核评估每 5 年一个周期。

（一）评估周期的设定依据

1. 教育政策与法规

各国和地区的教育政策、法规及相关标准对高校教育教学审核评估的周期有明确规定。国家和地区的教育主管部门通常会根据教育发展需求和质量标准设定评估周期，以确保高校教育教学质量的稳定性与可持续性。

2. 高校发展规划

高校自身的发展规划和战略目标也是设定评估周期的重要依据。高校应根据自身的办学特色、专业设置、学生群体等特点，设定切合实际的评估周期，以促进教育教学质量的不断提升。

3. 教学活动的特点

教学活动具有周期性与阶段性特点，教学安排与评估工作应相互衔接，形成良性循环。评估周期应与教学活动的安排相协调，例如，学期评估与课程设置、实习实践安排等相结合，以保证评估工作的针对性和有效性。

4. 学生的学习进程与发展需求

学生的学习进程与发展需求也应作为设定评估周期的依据。高校需关注学生的学习阶段和发展阶段，根据学生在不同阶段的需求，设定相应的评估周期。例如，在学期结束时进行的评估，能够更好地反映学生的学习成果与需求，为后续的教学改进提供依据。

（二）评估周期的作用与意义

合理的评估周期在高校教育教学审核评估中具有重要作用与深远意义。

1. 促进教育教学质量提升

通过定期的评估，高校能够及时发现教育教学中存在的问题，制定改进措施，推动教育教学质量的不断提升。评估结果能够为学校决策提供依据，指导资源的合理配置。

2. 增强学校内部管理效能

评估周期的建立能够增强学校内部管理的规范性与有效性。通过系统化的评估工作，学校能够形成科学的管理机制，促进各部门之间的协调与配合，提高管理效能。

3. 提升师生参与意识

定期的评估工作能够提升师生对教育教学质量的关注与参与意识。通过评估，教师能够更加关注自身的教学效果，学生能够更加主动地参与到学习与反馈中，形成良好的教育教学氛围。

4. 提高社会认可度与竞争力

高校定期开展教育教学审核评估，能够提高社会对其教育质量的认可度，增强其在社会中的竞争力。良好的评估结果能够吸引更多的优秀生源与社会资源，为学校发展提供支持。

高校本科教育教学审核评估的周期安排是评估工作的重要组成部分，合理的评估周期能够为高校教育教学的持续改进提供有效保障。通过定期的评估，高校能够及时发现问题、总结经验、推动改革，从而提升教育教学质量，实现可持续发展。

二、高校本科教育教学审核评估的分类

根据高等教育整体布局结构和高校办学定位、服务对象、发展实际，新一轮审核评估分为第一类审核评估和第二类审核评估，高校可根据大学章程和发展规划，综合考虑各自办学定位、人才培养目标和质量保障体系建设情况等进行自主选择。新一轮审核评估采取柔性分类方法，按类型把尺子做细，提供两类四种"评估套餐"，引导一批高校定位于世界一流，推动一批高校定位于培养学术型人才，促进一批高校定位于培养应用型人才。同类型常模比较长短，高校可以自主选择不同类型的常模数据做比较分析，从而进一步找准所处坐标和发展方向。

（一）第一类审核评估

适合第一类审核评估的高校以服务国家重大战略需求、建设世界一流大学为办学定位，以培养一流拔尖创新人才为目标，审核重点主要聚焦于世界一流大学建设必备的质量保障能力及具有影响力的本科教育教学综合改革举措和成效，注重质量保障的文化机制建设。

在指标体系设计方面，第一类审核评估主要聚焦于世界一流大学建设必备的本科教育教学质量保障能力，突出综合性、诊断性，既有定性指标，又有定量指标。定性指标主要对影响高校本科教育教学质量保障能力和教育教学水平的非量化核心要素进行审核。指标体系设有 4 个一级指标、12 个二级指标和 38 个审核重点。指标体系设计强调注重质量保障的文化机制、注重本科教育的时代要求、注重引导高校特色发展。定量指标设置了 35 个反映高校本科教育教学改革与创新发展的关键数据作为定量审核的指标，包括 22 个必选项和 13 个可选项。学校可以根据办学定位和实际需求，自主选择多个类型高校常模数据做对比分析，从而进一步找准所处坐标和发展方向。

（二）第二类审核评估

适合第二类审核评估的高校量大面广，具体分三种：第一种是以学术型人才培养为主要方向的普通本科高校，第二种是以应用型人才培养为主要方向的普通本科高校，第三种是首次参加审核评估的地方应用型普通本科高校。第二类评估审核重点聚焦于影响本科教育教学及其质量保障的关键要素，包括办学方向与本科地位、培养过程、教学资源与利用、教师队伍、学生发展、质量保障等方面。学术型人才培养引导夯实理论基础，科教融合，突出培养学生创新能力；应用型人才培养引导强化实践教学，产教融合，突出培养专业能力和实践应用能力。新一轮审核评估突出评估的诊断功能，强化评估结果使用，促进高校建立健全内部质量保障体系[①]。

---

① 张安富，徐武：新一轮本科教育教学审核评估方案的特征，《高教发展与评估》，2021 年 11 月第 37 卷第 6 期，第 1-13 页。

在指标体系设计方面，第二类审核评估突出了"四性"，即主体性、导向性、多样性、发展性。主体性，即突出审核评估以学校自我评估、自我改进为主，体现学校在人才培养质量中的主体地位[①]；导向性，即突出把党的领导、立德树人作为总纲领和指导思想，即突出党的教育方针及新时代对高等教育的新要求为导向；多样性，即突出学校人才培养的多样性，充分尊重学校办学自主权和自身特色；发展性，即突出学校质量保障体系运行和持续改进长效机制的建立，关注内涵和质量的持续改进及提升。定性指标旨在对影响高校本科教育教学工作的非量化核心要素进行审核。设 7 个一级指标、27 个二级指标和 78 个审核重点，设置统一必选项、类型必选项、特色可选项、首评限选项，形成三种不同的模块组合方案。学校可以根据办学定位和实际需求，自主选择其中一种方案。定量指标旨在对影响高校本科教育教学质量的关键数据进行审核。在审核重点中设置定量审核指标 46 个，包括 30 个必选项和 16 个可选项。国家数据平台提供不同类型的高校常模数据，学校可根据办学定位和实际需求，自主选择比较，从而确定发展方向。

高校本科教育教学审核评估的分类为教育质量保障提供了多样化的视角和工具，依据不同类型的学校，可以采取柔性分类方法，按类型把尺子做细。通过不同类型的"评估套餐"，学校能够明确评估目标、优化评估内容，推动教育教学的持续改进。不同类型的评估相辅相成，为高校的教育质量管理提供了全方位的支持。在未来的教育教学审核评估中，合理运用这些分类，将有助于提升高校的教育教学质量，培养出更多优秀的人才。

三、高校本科教育教学审核评估的基本方法

高校本科教育教学审核评估的方法是确保评估科学性、系统性和有效性的关键因素。不同的评估方法可以帮助评估团队全面、客观地了解高校的教育教学情况，找出优缺点，从而提出有效的改进措施。新一轮审核评估创新评估方法，综合运用互联网、大数据等现代信息技术手段，深度挖掘常态监测数据，

[①] 林琳：我国本科教学审核评估标准的价值取向研究，哈尔滨师范大学论文，2020 年，第 86 页。

采取线上与人校"一体化"评估、定性与定量结合、明察与暗访结合等方式，切实提高评估工作实效。入校评估不设定统一的考察时间与考察环节，专家组以问题为导向，根据线上评估情况，与学校沟通，灵活安排，当好"医生"和"教练"，为学校诊断把脉，服务学校改革发展。

（一）研读材料

在本科教育教学审核评估中，研读材料的重要性不言而喻。材料是学校本科教育教学工作的具体呈现，通过对各类材料的深入研读，专家组能够全面、准确地了解学校的教育教学情况，为评估提供有力的依据。在这个阶段，专家组会围绕高校自主选择的评估类型、评估指标和审核重点，认真对照一级指标和二级指标的内涵要求，全面分析、综合诊断，审核参评学校各项教育教学工作对评估指标的达成情况。重点关注高校"该说的是否说了""说了的是否做了""做了的是否有效""无效的是否改了"等，从定性和定量两个方面，深入全面了解参评学校的发展状况和教育教学工作情况。例如，专家组在研读材料时，会结合"3+3"报告①仔细分析学校的《自评报告》，查看学校围绕一级和二级指标及其审核重点，聚焦落实立德树人根本任务，阐述高校"怎么说的""怎么做的（工作举措）""做得怎么样（取得的效果）""做得不好的如何改进"和"改进效果如何"等内容是否准确、全面。同时，关注自评报告中突出的高校先进的教育教学理念、办学和人才培养特色等方面是否具有说服力和可操作性。

在研读各类管理文件如人才培养方案、教学管理规章制度等基本材料时，专家组会着重考察学校本科教育教学的管理模式和运行机制。以人才培养方案为例，专家组会关注方案中培养目标、课程设置、教学方法等关键内容是否科学合理，是否符合学校的办学定位和人才培养目标。对于教学管理规章制度，专家组会考察其是否规范了学校本科教育教学的各环节，确保教学活动的有序进行。

---

① 3个教学报告即《本科教学状态数据分析报告》《在校生学习体验调查报告》《教师教学体验调查报告》；3个就业报告即《本科生就业数据分析报告》《本科毕业生跟踪调查报告》《用人单位跟踪调查报告》。

此外，专家组还会对教学档案、支撑材料和引导性材料进行研读。教学档案作为高校在教学管理、教学实践活动中形成的基础材料，是高校日常教育教学工作的"证据"。专家组会查看课程大纲、试卷、毕业论文（设计）、实习实践等过程性与终结性材料是否真实、完整，是否符合教学管理规定。支撑材料用于支撑或证明自评报告等所述内容，专家组会通过这些材料进一步核实自评报告中的结论是否有充足的数据和事实支撑。引导性材料主要包括高校职能部门、教学机构、实习实训基地和就业单位等材料，教学活动安排和人员名单，如校历、课程表、教师名单、学生名单等。专家组通过这些材料可以更好地了解学校的教学活动安排和人员情况，为评估工作提供更全面的信息。

（二）深度访谈

深度访谈是本科教育教学审核评估中的关键环节。评估专家通过有目的、有计划地与学校有关人员进行深入交谈，获取评估信息，掌握学校人才培养工作的实际情况。

首先，深度访谈有助于全面了解学校教育教学情况，为评估提供多维度的信息。通过与不同访谈对象的深入交流，能够从各层面、各角度掌握学校本科教育教学的实际状况。例如，对校领导的访谈可以了解学校的办学定位、思路和成效等宏观层面的情况；对中层干部的访谈能深入了解职能部门和二级学院在本科人才培养中的具体工作和创新亮点；对教师的访谈可以知晓教学方法、课程设置及科研与教学的结合情况；对学生的访谈能反映学生的学习体验和对教学的满意度；对用人单位和离退休人员的访谈则可以获取学校人才培养的社会适应性和历史发展变化等方面的信息。

其次，深度访谈可以发现学校本科教育教学中的特色与亮点。在访谈过程中，专家能够挖掘出学校在人才培养、教学管理、实践教学等方面的独特做法和成功经验。这些特色和亮点不仅可以为学校赢得良好的声誉，还可以为其他高校提供借鉴和参考。

此外，深度访谈还能为学校的整改和提高提供明确的方向。通过与不同对象的交流，专家可以发现学校在本科教育教学中存在的问题和不足，如课程设置与市场需求结合不紧密、教学规章制度执行不严格、质量监控体系不完善等。这些问题的发现为学校后续的整改工作提供了具体的目标和方向，有助于学校有针对性地进行改进和提高。

（三）听课看课

听课看课是课堂教学和实践教学的一种考察方法，通过观察教师的教学水平、教学方法、教学内容与教学状态，以及学生的听课状态等，可以对学校的教学质量有一个较为准确的判断。

例如，通过听课看课可以发现教师在教学中的特色与亮点。有的教师将生动有趣的视频案例引入课程，迅速吸引学生注意力；有的教师将复杂的理论知识与实际应用紧密结合，引导学生积极思考、主动参与课堂讨论。这些特色教学方法可以为其他教师提供借鉴，促进教学方法的创新与改进。

同时，听课看课也能发现教学中存在的问题。如有的教师课堂进度较慢，互动中的提问比较随意；有的教师使用的 PPT 字体过小，影响学生观看；有的教师缺乏与学生之间的互动，课堂上给出的案例数量不足导致学生对理论理解不充分等。这些问题的发现为学校后续的整改工作提供了具体的方向，有助于学校有针对性地提高教学质量。

（四）考察走访

考察走访是对参评学校的教学单位、职能部门和校内外教学基地、用人单位进行考察的一种方式。校内走访考察是深入了解学校本科教育教学实际情况的重要环节，通过对校内教学单位和职能部门的走访，评估专家可以直观地了解学校中层和基层在本科教育教学中的具体做法和实际效果，此外，校内走访考察还可以了解到学校的教学设施和资源利用情况。通过对校外教学实习基地和用人单位的实地走访，评估专家能够深入了解学校本科教育教学的实际效果及社会对学校人才培养的认可度，为学校改进教学提供有价值的参考意见。

（五）问题诊断

问题诊断包括以下具体方法：一是对多种相关信息相互印证的兼听并收法；二是考察一个专业（院系）人才培养全过程的主线贯穿法；三是对薄弱方面多渠道检验的弱项核实法；四是自上而下与自下而上相结合的上下贯通法。

问题诊断能够帮助学校全面、深入地了解自身在本科教育教学各方面存在的问题。通过兼听并收法，对深度访谈、听课看课、考察走访、文案审阅等多种渠道获取的信息进行相互印证，可以发现学校在教学资源保障、质量保障体系运行等方面的问题。通过主线贯穿法，考察一个专业（院系）人才培养全过程，可以找出课程设置、教学方法、考核评价等方面存在的问题。通过弱项核实法，针对薄弱方面进行多渠道检验，能够确定问题的严重程度。通过上下贯通法，将自上而下与自下而上相结合，全面了解问题的根源和影响。

问题诊断不仅能够发现问题，还能推动学校建立持续改进的长效机制。学校根据问题清单，制定整改措施，明确整改责任人和整改时间节点，确保问题得到有效解决。同时，学校可以将问题诊断作为常态化工作，定期对本科教育教学进行自我评估，及时发现新问题，不断改进教学工作。同时，准确的问题诊断和有效的整改措施能够提升学校的整体实力。一方面，通过解决教学中存在的问题，提高了教师的教学水平和学生的学习效果，培养出更多符合社会需求的高素质人才；另一方面，问题诊断和整改过程也促使学校加强教学管理、优化教学资源配置、完善质量保障体系，提高学校的办学水平和声誉。

高校本科教育教学审核评估的方法多种多样，适用于不同的评估目标和场景。在实际操作中，应根据高校的特点和需求，选择合适的方法或多种方法结合使用，以确保评估的科学性、客观性和有效性。只有通过合理的评估方法，才能够全面、准确地反映出高校的教育教学质量，为后续的改进和发展提供有力的支持。

第六章

高校本科教育教学审核评估的
组织管理与保障机制

本科教育教学质量是高等教育内涵式发展的核心命脉，也是新时代高校落实立德树人根本任务的重要载体。作为高等教育质量保障体系的关键环节，本科教育教学审核评估历经多轮实践探索，已逐步构建起具有中国特色的评估范式。本章立足于"以评促建、以评促改、以评促管、以评促强"的评估方针，从宏观政策引导到微观实施路径，深入剖析分类评估视域下的组织管理体系重构，强调通过类型化评估引导高校特色发展；聚焦评估程序规范与专家智库建设，构建全流程质量监控闭环；创新性提出"政策—程序—结果"三维保障机制，将国家教育评价改革精神转化为可操作的制度安排。研究揭示，审核评估已从单一质量鉴定工具演进为驱动高等教育治理现代化的系统工程，其制度设计既体现教育督导的权威性，又彰显质量改进的发展性，通过动态指标调适、信息化手段赋能、多元主体协同等创新实践，为构建世界水平的质量保障体系提供理论支撑与实践样本。

第一节　高校本科教育教学审核评估的组织管理

高校本科教育教学审核评估的组织管理聚焦构建高质量本科教育教学质量保障体系。组织实施上，通过政策引导落实立德树人、科学选择评估类型明确方向、健全沟通机制保障流程、强化结果应用完善质量体系；管理规范上，构建制度框架、优化标准流程、严格信息管理、建强专家队伍、完善持续改进机制，确保评估科学公正，为高校内涵发展与高等教育质量提升提供系统性支撑。

一、高校本科教育教学审核评估的组织实施

新一轮审核评估坚持"以评促建、以评促改、以评促管、以评促强"的16字方针，将高质量作为总基调，以分类评估为新路径，推动构建具有中国特色、世界水平的本科教育教学质量保障体系，引导高校实现内涵发展、特色发展、创新发展。这16字方针也是组织实施本科教育教学审核评估工作的基本遵循。

（一）加强宏观政策引导，坚持学生全面发展理念不动摇

新一轮本科教育教学审核评估在上一轮评估基础上不断优化评估指标、构建多类型的评估体系，更加突出立德树人、以人为本的理念，持续以新时代教育评价改革方向为指引，不断推动本科教育教学人才培养体系的完善，助力新时代高等教育高质量发展。一是各省市教育行政部门积极引导高校将"立德树人"成效作为本科教育教学审核评估的落脚点，以学生发展作为出发点，及时完善本科教育教学审核评估具体实施细则，牢固树立科学的教育发展评估理念，把教育评估理念贯穿课堂教学、实践教学、师资队伍培养、校企合作等全过程中，树立评估促进高质量办学的牢固意识。二是教育部和省级教育主管部门积极组织开展本科教育教学审核评估指标体系解读的培训和研讨会议，指导高校全面理解评估指标体系，深刻领会新一轮本科教育教学审核评估的内涵和目标，不断促进高校育人目标的达成和评价效能的提升。三是高校应结合自身发展特点和专业特色，全面系统地分析评估指标体系对学校评估的适应度，深入分析各项指标数值比例背后深层含义，尤其深入分析每项指标含义、标准与教育育人目标的关系。

（二）引导高校基于办学方向和育人目标，科学理性选取评估类型

新一轮本科教育教学审核评估不仅是对教育教学质量的评估，更是对未来教育改革和转型方向的把关，发挥着指引高校分类发展、特色发展的功能，因此，高校评估类型的选取决定了高校未来一段时间内的发展方向，选择适宜

的评估类型是本科教育教学审核评估有效开展的前提和基础。一是建立高校类型比对常模，根据每种类型下的评估指标设定常模具体解释目录，帮助高校更好地比对自身的办学方向和育人目标，助力更加科学地选择评估类型。二是引导高校根据自身办学水平、教学质量、科研实力、专业设置、师资队伍、办学历史及区域经济发展需求等，全方位、多方面考虑，谨慎选择本科教育教学审核评估类型。三是完善高校类型选择评估机制，在高校提交评估类型申请后，邀请不同领域专家组织专门研讨，从本科教育教学审核评估的基本原则、评估要义等出发，充分考虑高校阶段性发展特点，本着实事求是和可持续发展的原则，商定高校选择的类型是否与办学实际相符。

（三）健全参与主体沟通衔接机制，实现高校评估全流程实时跟踪

本科教育教学审核评估涉及高校全体师生、专家组，以及由项目管理员、秘书等组成的组织实施主体，只有参与主体进行有效沟通才能保证评估工作顺利开展并有效实施。一是建立个性化的本科教育教学审核评估工作流程。各学校选择评估类型和指标体系具有显著的差异性，依据高校自身办学特点，与高校及时沟通确定评估实施方案，建立切实可行的评估机制。二是健全与高校沟通衔接机制。从学校启动本科教育教学审核评估开始，时时关注高校评估准备进程，重点关注学校自评材料的准备，包括自评指南、本校指标体系、学校基本情况、上一轮审核或合格评估报告、上一轮整改报告或情况说明、自评报告、教学系列报告、就业报告、材料清单及特色材料等，帮助高校尽可能充分地准备评估材料。三是加强与评估专家组的沟通。在评估工作开始前，组织专家组开展线上培训，充分了解参评高校的基本情况；评估过程中要及时回应专家组提出的评估需求，积极联系学校补充评估材料，并及时提醒专家组下一阶段的工作流程。

（四）充分发挥评估结果应用功能，健全本科教育教学质量保障体系

本科教育教学审核评估结束后，高校针对专家组提出的问题清单，将评估

结果应用于高校内部教学质量保障体系建设过程中，提升学校内部治理水平。一是在高校内部公布专家组提出的问题清单，引导全校师生重视评估结果、树立质量意识，明确质量是教育的生命线，将质量意识贯穿于教育教学的全过程，通过宣传教育、培训等方式，使师生深刻认识质量的重要性，形成全员关注质量、追求质量的良好氛围。二是对照问题清单，建立质量保障标准，根据学科特点和发展需求，制定科学、合理的质量标准，包括课程设置、教学方法、考核方式等方面，标准的制定应体现国家对高等教育的基本要求，同时兼顾学校的特色和优势。三是利用信息化手段，将评估结果应用于教学质量评价系统开发中，通过学生评价、教师互评、专家评估等多种方式对教学过程开展全面评价，加强对学习过程、育人成果的质量监测和评价，促进评估、评价贯穿教育教学整个过程。

二、高校本科教育教学审核评估的管理规范

本科教育教学审核评估的管理规范是确保评估过程高效、公正和透明的重要保障。管理规范的建立不仅能够提升评估的科学性和有效性，还能为高校教育教学质量的持续提升提供坚实基础。

（一）审核评估制度的建立

1. 制度框架的构建

要以提高本科教育教学质量为核心，构建一套完整的审核评估制度框架。该框架应明确评估的目标、范围、方法和程序，确保各项工作有章可循。

2. 定期修订与更新

随着教育政策和社会需求的变化，审核评估制度需要定期进行修订与更新，以保持其科学性和适用性。应建立相应的反馈机制，及时收集相关信息，并据此进行制度的调整。

3. 制度宣传与培训

要广泛宣传评估制度，并为相关人员提供培训，确保各级管理人员、教师和学生都能了解评估制度的内容与要求，从而增强执行评估制度的自觉性和有效性。

（二）审核评估的组织管理

1. 明确组织结构

要设立专门的评估工作机构，负责审核评估的组织与实施。该机构应由管理人员、教学专家和相关学科教师组成，确保评估工作的专业性和全面性。

2. 制定工作流程

要明确审核评估的具体流程，包括准备阶段、实施阶段和总结阶段等。通过标准化流程，提高评估的效率和质量。

3. 定期检查与评估

要对审核评估的组织管理进行定期检查与评估，及时发现问题并进行整改，确保审核评估工作的顺利进行。

（三）评估标准与指标体系的构建

1. 科学合理的评估标准

要根据高校的实际情况，制定科学合理的评估标准。这些标准应涵盖教学目标、课程内容、师资力量、教学资源等方面，确保评估的全面性和客观性。

2. 多元化的指标体系

要构建多元化的指标体系，既包括定量指标，也包括定性指标，确保能够全面反映高校的教育教学质量。

3. 指标的动态调整

要根据社会需求、教育发展趋势等，定期对评估指标进行调整，确保其适应性与前瞻性。

（四）评估信息管理与数据处理

1. 信息收集与管理

要建立完善的信息收集与管理机制，确保评估过程中所需数据的真实性和准确性。收集的信息应涵盖教学质量、课程设置、师生反馈等多个方面。

2. 数据分析与应用

要采用科学的统计与分析方法对数据进行处理，并形成分析报告，以支持评估结果的形成与应用。

3. 信息安全与隐私保护

要确保在数据收集与处理过程中遵循信息安全与隐私保护原则，维护参与者的合法权益，避免信息泄露。

（五）评估结果的反馈与应用

1. 评估结果的公开

要定期向全校师生公布评估结果，提高评估的透明度和公信力。评估结果应以报告的形式呈现，并详细说明评估过程和结论。

2. 结果反馈机制

要建立评估结果的反馈机制，将结果及时反馈给相关部门，以便制定针对性的改进措施，确保评估结果能够有效促进高校的教学改革与发展。

3. 改进措施的实施

要依据评估结果制定相应的改进措施，并对其实施情况进行跟踪与评估，确保持续改进的效果。

（六）评估专家选拔与管理

1. 评估专家的选拔

要根据评估标准和需求，建立专家选拔机制，确保选拔的专家具备相应的专业背景和丰富的评估经验。专家队伍的结构宜与被评学校的类型结构、科类结构、专业结构相匹配，在此基础上再行考虑是教学科研岗位还是管理服务岗位，或者是两种岗位的搭配组合，以便胜任专业化、精准化的审核评估任务。

2. 专家的培训与发展

要定期对评估专家进行培训，提升其评估能力和水平，确保专家在评估过程中能够遵循相关规范和要求。评估专家要熟悉线上评估和入校评估的任务和流程，并可以结合学校教育教学实际情况对学校在本科教育教学方面的工作和成效给予全面科学、专业精准的评价。

3. 评估专家的职责

要明确评估专家在评估过程中的职责和义务，确保其在评估过程中保持中立与公正。评估专家需对评估结果负责，同时还应具备对评估对象进行深入分析和判断的能力。在评估过程中，评估专家应主动与参评学校沟通，收集必要的信息，并对收集到的数据进行客观、准确的分析。此外，评估专家还需对评估结论进行合理解释，并提出建设性的改进建议，以促进参评学校的本科教育教学质量持续提升。

（七）持续改进与优化机制

1. 评估流程的优化

在每次评估后，要总结经验教训，不断优化评估流程，提高评估的科学性和合理性。

2. 反馈机制的建立

要建立评估反馈机制，通过收集师生和专家的意见与建议，不断完善评估标准和流程。

3. 定期评估与回顾

要对审核评估工作进行定期评估与回顾，分析审核评估工作的不足与改进方向，促进审核评估工作的持续改进。

高校本科教育教学审核评估的管理规范是提升审核评估质量和效率的重要保障。通过建立健全的管理制度、明确的组织结构、科学的评估标准与指标体系、严谨的信息管理与数据处理机制，以及有效的评估结果反馈与应用，能够确保高校教育教学审核评估的公正性、科学性和有效性，为高校的教育质量持续提升提供有力支持。

第二节　高校本科教育教学审核评估的保障机制

高校本科教育教学审核评估的有效实施，需要全方位的保障机制作为支撑。在政策保障层面，不仅国家通过系列政策法规确立评估导向，高校也通过完善内部制度全方位保障评估工作的有序开展；在程序保障层面，从评估申请到督导复查，各环节环环相扣，确保评估科学规范；结果保障则借助结果运用与激励约束，推动高校改进提升。

一、高校本科教育教学审核评估的政策保障

随着高等教育在国家发展战略中地位的不断提升，本科教育教学作为高等教育的基石，其质量备受关注。本科教育教学审核评估也成为衡量高校办学水平和教育质量的重要手段，而政策保障则是确保审核评估科学、公正、有效开展的关键因素。

从国家层面来讲，国家出台了诸多涉及本科教育教学审核评估的政策法规，对审核评估工作起着重要的指导作用。例如，《深化新时代教育评价改革总体方案》立足时代发展需求，旨在扭转不科学教育评价导向，坚决破除"五唯"顽瘴痼疾，全面落实立德树人根本任务。该方案要求把立德树人成效作为

检验学校一切工作的根本标准，这意味着在本科教育教学审核评估中，要着重考量高校是否真正将立德树人融入办学方向、育人过程及质量保障体系等各方面工作之中，引导高校构建起"三全育人"的良好格局。再如，《关于深化新时代教育督导体制机制改革的意见》从体制机制层面为教育督导工作包括本科教育教学审核评估提供了坚实的保障。它强调要加强对教育评价、督导的统筹规划与协调管理，使得审核评估工作能够有序且规范地开展，督促高校严格遵循高等教育规律及本科人才培养规律，聚焦本科教育教学质量的全面提升。又如，教育部印发的《普通高等学校本科教育教学审核评估实施方案（2021—2025 年）》是当下及未来一段时期内本科教育教学审核评估工作开展的重要依据。它明确了审核评估的指导思想，即习近平新时代中国特色社会主义思想为指导，全面贯彻落实党的教育方针，确保人才培养中心地位和本科教育教学核心地位，推进评估分类，推动高校内涵发展、特色发展、创新发展，培养德智体美劳全面发展的社会主义建设者和接班人。《普通高等学校本科教育教学审核评估（2021—2025）精要导读》中提出的"一根本、两突出、三强化、五个度"的工作目标，更是从根本任务、突出要点、强化内容及质量衡量标准等多维度对审核评估提出了细致要求。例如，"五个度"，即注重人才培养目标的达成度、社会需求的适应度、师资和条件的保障度、质量保障运行的有效度、学生和用人单位的满意度，为高校在自评及接受评估过程中提供了清晰的参照标准，有助于高校找准自身定位，明确努力方向，切实提升本科教育教学质量。这些政策法规相互配合、协同发力，共同为本科教育教学审核评估工作指明了方向，确立了基本的原则与要求，高校需要将其深入领会并贯彻落实到实际的评估工作当中。

同时，国家层面的政策对于高校开展审核评估工作有着多方面的导向作用，有力推动高校在本科教育教学领域不断前进与发展。首先，在引导高校落实立德树人根本任务方面，政策明确将立德树人成效作为核心衡量标准。这促使高校在开展审核评估时，重新审视自身的办学定位与人才培养目标是否紧密围绕立德树人展开。例如，高校会更加注重思想政治教育课程的建设与实施效果，确保思政课程不仅在课程体系中有合理的占比，而且能够真正入脑入心，引导学生树立正确的世界观、人生观和价值观。同时，高校也会在专业课程教学中融入思政元素，挖掘各类课程的育人功能，实现全员、全过程、全方位育人，构建起完善的"三全育人"体系，让立德树人贯穿于本科教育教学的各环节，从教学大纲的制定、教学内容的选择到教学方法的运用及对学生学习成果的考核评价等，都体现出立德树人的要求，真正培养出德才兼备的社会主义建设者和接班人。其次，在破除"五唯"顽瘴痼疾方面，政策发挥着关键的导向作用。以往教育评价中过度看重论文、职称、学历、奖项、项目的"五唯"现象，在一定程度上扭曲了教育的本质和人才培养的导向。如今的审核评估政策引导高校摒弃这种片面的评价方式，转而关注更加全面、多元且符合教育规律的评价指标。例如，在考察教师教学水平时，不再仅考虑论文发表数量、科研项目级别等，而是更加注重教师在课堂教学中的投入、教学方法的创新、对学生学习能力的培养及教学效果的反馈等实际教学表现；对于学生的评价，也不再单纯依赖考试成绩，而是综合考量学生的综合素质发展、实践能力提升、创新思维培养及社会责任感等多方面因素，鼓励高校建立起科学合理、综合多元的教育教学评价体系，促进本科教育教学回归育人本位。最后，政策有助于推动高校内涵发展。审核评估相关政策鼓励高校依据自身的历史传承、办学特色及发展定位，选择合适的评估类型（如"两类四种"评估方案），引导高校立足自身实际，找准发展方向，挖掘优势资源，在人才培养模式、课程体系建设、教学方法改革等方面下功夫，打造具有本校特色的教育教学模式，不断提升教育教学质量，实现从规模扩张向内涵发展的转变，增强高校在国内乃至国际高等教育领域的竞争力，以更好地服务于国家经济社会发展，培养出适应时代发展要求的高素质创新型人才。

总之，国家政策从多个维度为高校开展本科教育教学审核评估工作提供了明确的导向，促使高校不断优化教育教学工作，提升人才培养质量，推动高等教育高质量发展。

从高校自身来讲，高校也需要围绕审核评估制定诸多规章制度，全方位保障审核评估工作的有序开展。在教学管理方面，制定课程开设、教学大纲编写、教学计划调整等相关规定。例如，明确课程开设需符合学校的办学定位及专业人才培养目标，新开设课程要经过严格的论证审批流程，教学大纲要详细规定课程的教学内容、教学目标、教学方法及考核方式等，且需根据学科发展、行业需求等适时进行修订完善。这些制度确保了教学活动的规范性和科学性，使得教学内容与人才培养目标紧密契合，为审核评估中考察教学过程的合理性、有效性提供了有力支撑。在质量监控方面，建立从课堂教学质量监控到教学效果反馈的一整套制度体系。课堂教学质量监控通过校院两级教学督导听课、学生评教等多种方式实现，教学督导定期深入课堂，对教师的教学态度、教学内容、教学方法、教学效果等进行全面评价，并及时向教师反馈意见和建议；学生评教则在每学期末开展，让学生对授课教师的教学情况进行打分评价，评价结果作为教师教学质量考核的重要依据之一。同时，针对教学效果反馈，要求教师根据督导和学生的反馈意见，认真分析教学中存在的问题，制定改进措施，并在下一阶段教学中加以落实，形成持续改进的良性循环，这与审核评估强调的持续改进机制相呼应，有助于不断提升教学质量，保障审核评估中关于教学质量保障运行有效度的考察要求。在师资队伍建设方面，出台教师引进、培训、考核、职称评定等规章制度。在教师引进上，注重选拔具有良好师德师风、扎实专业知识和较强教学能力的人才，对应聘者的教学能力、科研水平等进行多维度考察；教师培训制度涵盖了新教师入职培训、骨干教师研修、专业教师实践能力培训等不同类型，旨在提升教师的整体素质和教学水平；教师考核制度将教学工作业绩、科研成果、师德师风表现等纳入考核范畴，全面衡量教师的工作成效；职称评定制度则打破了以往单一以科研成果为导向的模式，更加注重教师在教学一线的实际贡献，引导教师将更多精力投入到本科教育教学中，契合审核评估中对师资队伍保障度的考量及破除"五唯"顽瘴痼疾的政策导向，确保师资队伍能够有力支撑本科教育教学工作，保障人才培养质量。

总之，这些围绕教学管理、质量监控、师资队伍建设等方面制定和完善的规章制度，相互配合、协同作用，才能为高校本科教育教学审核评估工作提供坚实的制度保障，使得评估工作能够在有序、规范的轨道上顺利开展。

二、高校本科教育教学审核评估的程序保障

科学合理的评估程序是审核评估得以顺利实施并取得预期效果的重要基

石，程序保障不仅关乎评估结果的可信度，更直接影响高校对评估的重视程度
与参与积极性，以及后续整改工作的针对性和实效性。

（一）评估申请环节

高校开展本科教育教学审核评估的第一步便是提出评估申请，这一环节
有着明确且规范的流程要求。首先，高校需依据自身的办学定位、发展规划等
情况，向相应的教育行政部门提出评估申请，并选择合适的评估类型及确定评
估时间。对于中央部门所属高校（包括部省合建高校），需向教育部提出申请；
而地方高校则要向省级教育行政部门提出申请，其中若申请参加第一类审核
评估的，还需由省级教育行政部门向教育部推荐，之后由教育部普通高等学校
本科教育教学评估专家委员会审议确定参评高校。在申请过程中，高校需要提
交一系列完整且翔实的材料，这些材料涵盖了学校的基本办学情况介绍、上一
轮评估整改落实情况、现阶段本科教育教学工作开展情况及对未来发展规划
的相关说明等内容，旨在让教育行政部门和评估专家委员会全面了解学校的
整体状况，进而判断其是否具备参与审核评估的条件。不同类型高校在申请环
节也存在一定差异。例如，具有世界一流办学目标、一流师资队伍和育人平台，
致力于培养一流拔尖创新人才以服务国家重大战略需求的普通本科高校，在
申请第一类审核评估时，更侧重展示其在高质量人才培养体系构建、前沿科研
成果转化应用于教学等方面的特色与优势；而以应用型人才培养为主要方向
的普通本科高校，在申请第二类审核评估时，则着重体现高校与行业企业深度
融合、实践教学体系建设及学生应用能力培养等方面的成果与规划。同时，高
校在申请时还需注意严格遵循申请时间节点、材料格式规范等要求，确保申请
流程的顺畅进行。

（二）学校自评环节

自评环节是高校对自身本科教育教学工作进行全面梳理与审视的重要环
节，对于后续评估工作的顺利开展起着基础性作用。在此阶段，高校会成立由
主要负责人担任组长的审核评估工作领导小组，明确主体责任，组织全校师生

积极参与其中。领导小组会按要求组织相关人员参加评估培训，深入学习理解审核评估的各项指标体系与要求，确保每一位参与者都能准确把握评估的重点与方向。高校要对照评估重点内容和指标体系，结合学校的实际办学情况及上一轮评估整改情况，精心制定工作方案，围绕办学定位、人才培养目标、师资队伍、教学资源、教学过程及学生发展等多个维度，全面深入地开展自评工作。例如，检查教学大纲是否与人才培养目标紧密契合、课程设置是否科学合理、教师教学方法是否有助于学生能力培养、实践教学环节是否落实到位及学生综合素质发展是否达到预期目标等。在完成各项自评工作后，需要撰写详细的自评报告，该报告不仅要如实呈现学校在本科教育教学工作中的成绩与亮点，也要坦诚地指出存在的问题与不足。之后，还需按照规定将自评报告进行公示，接受全校师生及社会各界的监督，以保证自评工作的公开性、透明性与客观性，为专家评审提供真实可靠的参考依据。

（三）专家评审环节

专家评审环节是审核评估过程中专业性和权威性体现最为突出的部分，对于精准判断高校本科教育教学质量状况起着关键作用。参与评审的专家统一从全国审核评估专家库中抽取，人数通常为15～21人，并且原则上外省（区、市）专家人数不少于评估专家组人数的三分之二，专家组组长也由外省（区、市）专家担任，以此确保评审视角的多元性与客观性。评审过程主要分为线上评估和入校评估两个阶段。线上评估阶段，专家会采取审阅材料、线上访谈、随机暗访等方式，对高校提交的各类材料进行深入研读，包括自评报告、本科教学状态数据分析报告、在校生学习体验调查报告、教师教学体验调查报告、本科生就业数据分析报告、本科毕业生跟踪调查报告、用人单位跟踪调查报告，以及学校编制公布的近三年本科教学质量报告、就业质量年度报告等，同时开展线上调阅材料、在线访谈座谈、听课看课（根据学校已有常态信息化条件和工作需要与学校协商确定）等工作，在全面考察的基础上，提出需要入校深入考察的存疑问题，并形成专家个人线上评估意见。入校评估阶段，专家组组长会根据线上评估情况，确定5～9名入校评估专家，在2～4天内针对线上评估提出的存疑问题进行重点考察。专家会深入学校的课堂、实验室、实践基地等场所，实地走访、听课、访谈、调阅相关材料，与师生、管理人员、用人单位等进行面对面交流，全面了解学校本科教育教学工作的实际情况。例如，专家会深入课堂观察教师的教学过程、学生的课堂参与度，查看实验教学的开展情况及实践基地对学生实践能力培养的支撑效果等。综合线上评估和入校评估总体情况，专家组会制定问题清单，形成写实性的审核评估报告，为高校"诊断开方"，提出针对性的改进建议与意见，助力高校提升教育教学质量。

（四）反馈结论环节

完成专家评审后，教育行政部门会对审核评估报告进行认真审议。教育部和各省级教育行政部门分别负责审议对应管辖范围内高校的报告，审议通过后，便会将评估结论反馈给高校，并在一定范围内进行公开，以保证评估结果的透明度和公信力。对于在审核评估中暴露出突出问题的高校，尤其是那些突破办学规范和办学条件底线的情况，教育部和有关省级教育行政部门会采取相应的问责措施，如约谈学校负责人，要求其对存在的问题作出解释并承诺整改措施；适当缩减招生规模，督促学校重视并解决问题，避免盲目扩张而忽视教育教学质量；限制新增本科专业备案，确保学校集中精力对现有专业进行优化完善，提升整体办学水平。同时，教育部每年还会向社会公布完成审核评估的高校名单，并在这些高校中征集本科教育教学示范案例，经教育部评估专家委员会审议后发布，通过推广优秀案例经验的做法，发挥示范引领作用，引导其他高校学习借鉴，共同提高本科教育教学质量。

（五）限期整改环节

高校在接到评估结论后，需要在30日内迅速制定并提交整改方案。整改工作会始终坚持问题导向，组织相关部门和人员认真梳理专家提出的问题，以及在自评自检过程中查摆出的问题，深刻剖析问题产生的原因，找准问题根源，排查各工作环节中的薄弱之处，进而提出切实可行的解决举措，并加强制度建设，从根本上预防类似问题的再次出现。高校要建立整改工作台账，对每项整改任务进行详细记录，明确责任部门、责任人、整改措施、预期完成时间及阶段性目标等内容，实行督查督办和问责制度，安排专人对整改进展情况进行跟踪检查，定期通报整改情况，对于整改不力的部门和个人进行问责，持续追踪整改进展，确保整改工作扎实推进，取得实实在在的成效。原则上，高校需在两年内完成整改并提交整改报告，向教育行政部门和社会展示整改成果，接受监督检查。

（六）督导复查环节

为保障高校整改工作的效果，教育行政部门会以随机抽查的方式，对高校整改情况进行督导复查。复查过程中，会重点关注高校是否按照整改方案落实各项整改任务，之前存在的问题是否得到有效解决，整改后的本科教育教学工作是否有明显改进和提升，以及是否建立起长效的质量保障机制等内容。对于那些评估整改落实不力、关键办学指标评估后出现下滑的高校，教育行政部门将采取更为严厉的后续处理手段，如再次约谈高校负责人，进一步强调整改工作的重要性和严肃性；继续缩减招生规模，直至整改达到要求，促使学校将更多精力投入到提升教育教学质量上；限制新增本科专业备案，防止学校在自身办学能力不足的情况下盲目增设专业；甚至会对其进行公开曝光，让社会公众了解学校的整改情况，借助舆论压力推动学校积极整改。通过督导复查环节，能够有力保障高校整改工作不走过场，真正实现"以评促建、以评促改、以评促管、以评促强"的目标，持续提升本科教育教学质量。

三、高校本科教育教学审核评估的结果保障

审核评估结果的有效保障与合理运用，是实现审核评估价值最大化、推动高校持续改进本科教育教学工作的核心所在。通过科学合理的结果保障机制，高校能够精准定位自身优势与不足，进而有针对性地制定改进策略，促进本科教育教学质量的稳步提升。

（一）结果运用机制

高校对审核评估结果的有效运用，对于推动教学改革、优化资源配置及加强师资队伍建设等方面有着至关重要的作用，并且诸多高校已通过合理运用评估结果，取得了显著提升教育教学质量的成效。例如，在优化人才培养方案方面，可以根据审核评估结果，对本科人才培养方案进行全面优化。针对评估中发现的人才培养目标与社会需求契合度不够高、课程体系设置不够合理等问题，重新审视和调整人才培养目标定位，紧密结合国家战略需求、行业发展趋势及学生个性化发展需求，明确人才培养的核心能力与素质要求。在此基础上，优化课程体系结构，增加实践教学环节比重，加强课程之间的关联性与逻辑性，构建以能力培养为导向的模块化课程体系；在师资队伍建设方面，可以制定相应的师资队伍建设规划，加大高层次人才引进力度，重点引进具有丰富行业经验、高水平教学科研能力的学科领军人才和骨干教师，优化师资队伍的学历结构、职称结构与学缘结构，同时，加强对现有教师的培训与发展支持，开展教学方法培训、专业技能提升培训、教育教学研究项目资助等活动，提高教师的教学水平与教育教学研究能力；在完善教学质量保障体系方面，可以进一步建立健全全方位、多层次的教学质量监控机制，加强对教学前的教学设计审核、教学中的课堂教学巡查与教学效果监测、教学后的学生评教、同行评教及教学反思与总结等环节的管理与监控，持续完善教学质量评价标准，建立以学生学习成果为导向、多元化评价主体参与的教学质量评价指标体系，确保教学质量监控的科学性、客观性与有效性。

总之，合理运用审核评估结果，能够精准找到高校本科教育教学工作中的问题所在，进而通过针对性的措施加以改进，推动高校在多个关键环节实现优化升级，切实提升本科教育教学质量，为高校的长远发展奠定坚实基础。

（二）激励与约束措施

为了促使高校积极且高质量地参与本科教育教学审核评估工作，国家及相关部门制定了一系列激励与约束措施，这些措施从不同角度保障了审核评估工作的权威性和有效性。对于在审核评估中表现优秀的高校，会给予诸多激励政策。例如，教育部每年会在完成审核评估的高校中征集本科教育教学示范案例，经教育部评估专家委员会审议后发布。被选中的高校，在人才培养模式、教学模式等方面的特色做法和鲜活案例将得到广泛推广，这不仅是对高校教育教学工作的高度认可，也提升了高校的知名度和影响力，在后续的招生、学科建设及争取优质资源等方面都更具优势。而且，这些优秀案例还能为其他高校提供借鉴参考，发挥示范引领作用，带动更多高校共同提高本科教育教学质量。同时，针对存在问题的高校，相应的约束措施也十分明确。对于突破办学规范和办学条件底线等问题突出的高校，教育部和有关省级教育行政部门会采取约谈学校负责人的方式，要求其对存在的问题作出解释，并承诺具体的整改措施。还会适当缩减招生规模，督促学校把重心放在解决现有问题、提升教育教学质量上，避免盲目扩张而忽视内涵建设。此外，限制新增本科专业备案也是重要的约束手段之一，确保学校集中精力对现有专业进行优化完善，提升整体办学水平。

这些激励与约束措施双管齐下，一方面鼓励高校积极发挥优势，不断追求卓越，在本科教育教学领域打造特色亮点；另一方面对存在不足的高校形成有效督促，使其重视并及时改进问题，从而营造出积极向上、良性竞争的高等教育发展环境，推动各高校都能扎实做好本科教育教学工作，全面提升我国高等教育的整体质量。

第七章

高校本科教育教学审核评估面临的困境与挑战

近40年来,中国高校本科教育教学审核评估取得长足发展,在制度理念、政策框架、措施行动等方面都实现了突破。新一轮审核评估在吸收借鉴之前数轮评估经验的基础上进一步进行了优化,一方面赋予了评估对象更多自主权,另一方面评估逐渐由行政指导向协商共建转变,大大提升了高校面对教育教学评估的主动性、积极性。从当前情况看,高校本科教育教学审核评估仍然面临着一定问题,在理念转变、分类建设、标准融合、方法创新等方面仍有一定改进空间,在一定程度上制约高校教育质量的总体提升。

第一节　审核评估育人理念转变滞后

高校本科教育教学审核评估理念的转变同经济社会发展状况密切相关。审核评估的推进需要国家、地方、高校、社会等的多维度配合,及时参考国外评估理念,同时从中国经济社会发展的实际出发,转变育人理念,以评估为推动力,将其同经济社会发展契合起来,从高校内部、社会需求、国家需要等方面出发,推动高等教育的全面发展。

一、参与评估内在驱动力不足

审核评估,从深层次来讲是通过评估的方式推动高等教育质量的提升。在较长一段时间内,高等教育评估基本上是以政府外在驱动的直接推动为主,大部分高校进行的教育教学评估是以外在推动的方式驱动内在建设,很多高校参与本科教育教学审核评估是在行政力量的推动下进行的。从政策制定及落实情况看，在较长周期范围内，以本科评估及政策出台为主的各种制度设计直接推动了高校评估的开展。从评估结果的适用范围看，高校本科教育教学审核评估结果成为评价一所高校教学质量的重要标准，在一定程度上超越了高校在学术贡献、社会服务、人才培养等方面的关注度，成为国家、地方资源分配、资金支持、政策倾斜的重要指标，外在驱动方面在高校评估中的作用不断加强。

事物的两面性决定高等教育质量的提升单靠外在驱动远远不够。外在驱动是评判一所学校教育教学质量的间接因素，但高校教育教学质量的提升关键还要靠学校内部，从学校自身出发，激发学校的内在驱动力。从现有情况看，高校对审核评估的认知还停留在政策牵引层面，大部分是从政策规范的角度看待评估，未从教育教学发展推动高等教育质量提升的角度看待问题，推动评估的内在驱动力相对不足。从政策制度的变迁来看，历次评估理念的转变对评估结果的使用做了明确限制。例如，1990 年发布的《普通高等学校教育评估暂行规定》对评估结果作出规定，"经鉴定不合格的学校，由国家教育委员会区别情况，责令其限期整顿、停止招生或停办"，对评估结果的使用做了规定；还规定"根据选优评估结果排出名次或确定选优对象名单，予以公布，对成绩卓著的给予表彰、奖励"。此后"避差"和"争优"成为高校应对评估的两种主要策略，也是国家和各省教育行政管理部门把握高校办学方向的重要抓手。1998 年发布的《关于进一步做好普通高等学校本科教学工作评价的若干意见》指出，"本科教学工作评价的结论是学校增设本科专业，新增硕士、博士学位授权单位及其学位授权学科、专业点等有关工作资格审查的依据之一"。直接将评估结果同高校新申请专业和博士、硕士学位的重要指标依据挂钩，将学校未来发展同现有评估结果状况直接挂钩。2011 年，教育部制定的《普通高等学校本科教学工作合格评估实施办法》规定，高校整改不合格"将认定为教育教学质量低下，依据有关法律给予相应处罚"。相比于前几次评估，这次评估关于结果的运用相对模糊，并没有直接涉及高校学位申请等方面。2013 年第一轮审核评估中，对评估结果的使用又做了进一步限制，指出将评估结果作为高校政策制定、资源配置、招生规模、学科专业建设等方面的参考依据[①]，未明确将评估结果同高校建设发展的奖惩关联起来。2021 年发布的《普通高等学校本科教育教学审核评估实施方案（2021—2025 年）》，对评估结果的运用再次做了明确，从强化整改落实、强化奖惩措施、强化共享共用等角度出发，明确将在完成评估的高校中征集本科教育教学示范案例，在全国范围内推广、示范，帮助其他高校提升本科教育教学质量。对于评估整改不力的高校将通过约谈负责人、编减招生指标、限制新增本科专业等方式加以限制，倒逼高校提升教育教学质量。相较于前几轮，本轮评估在惩罚的基础上，强调了对优秀案例的宣传表彰，在一定程度上能更大程度地激发高校参与评估的积极性。

整体来看，历次评估在条件制定上逐步放宽，从最初的强制条款到资格条件，再到本轮评估的可选条件，高校参与评估有了更多的自主选择权。但这些选择权主要还是限制在教育部门的选择项之中，更多的是从行政力量角度出发，在一定范围内高校进行的有选择的自主权，是外在驱动力推动高校参与评估建设。大部分高校在对评估的认识，特别是关于评估如何推动高校内涵发展方面还有较大提升空间，改善教育教学质量提升的内在驱动力相对不足等问题。

二、评估社会需求牵引不畅

高校教育教学审核评估看似是教育部门和高校的事情，但教育教学涉及的领域较多，单靠政府、高校很难完成，需要社会组织、家庭等不同群体的共同参与，实现教育教学评估支撑体系的全覆盖。上一轮审核评估强调学校用"自己尺子量自己"，通过重点考察评估报告和评估数据来评判高校教育教学建设情况。但审核评估的有效执行，需要充分考虑地方特点，在区域高等教育建设实际的基础上实现育人理念、评估举措同评估实际的契合，更重要的是通过审核评估推动高等教育教学改革的持续深化，推动教育质量的深层次跃进

[①] 陈栋：本科教学评估的"中国方案"：脉络、问题与走向，《湖南师范大学教育科学学报》，2020 年第 5 期，第 111 页。

和根本性提升。

高等教育的一项重要功能是服务社会。满足社会需求是高等教育的基本任务之一，高校需要从教育教学实际出发，培养满足经济社会发展需求，特别是满足地方经济社会发展需要的人才。如何实现人才培养目标、提升人才培养质量，如何将人才培养同社会转型的需求契合起来需要相应社会环境的营造。各地教育部门在满足国家教育教学评估需求的同时，从自身实际出发探讨了适合当地的评估指标。如上一轮审核评估中，浙江省结合地区实际，在教育部评估文件的基础上，制定了具有浙江特色的评估文件和指标，先后出台《浙江省普通高等学校本科教学工作审核评估方案（试行）》《浙江省普通高等学校本科教学工作审核评估范围（试行）》等评估文件。相比教育部发布的文件，浙江省出台的文件根据浙江实际，增加 1 项审核要素（开放办学）和 10 个审核要点，主要审核各高校对省教育厅近年来出台的高等教育改革文件落实情况，如青年教师助讲制度、学生转专业制度、课堂教学创新规定等，形成了具有浙江特色的审核评估范围，即"6+1"个项目，25 个审核要素（教育部 24 个），74 个审核要点（教育部 64 个）[①]。这些新增的审核评估要点，契合浙江建设实际，特别是同浙江地处东部沿海地区，国际化水平高、对涉外人才培养要求较高等社会需求结合起来，实现了高等教育建设符合地区发展需求的要求。

学校办学定位是明确一所学校发展方向和重点的重要指标。2021 年新一轮审核评估中明确了学校可以根据自身实际进行定位的设定，具体明确了"双一流"、学术型、应用型等不同类别高校的区别。但在实际中，大部分高校对自身的定位并不清晰，特别是高校在服务于地方和国家建设中的定位存在分歧。从以往评估高校的情况看，大部分高校将自身定位为国内一流、国际知名、特色鲜明的高校，但在学校具体发展中，这一定位相对较为笼统、模糊，缺乏具体的行动举措，大部分高校对于自身定位及实际状况，特别是同其他同类高校之间的差别、自身建设发展过程中的差距等认识存在较大的提升空间。部分高校人才培养目标模糊，内在逻辑性不强，办学定位、办学目标同当地实际结

---

① 施建祥，王国银：本科高校教学工作审核评估的浙江做法与特色，《上海教育评估研究》，2017 年第 5 期，第 13 页。

合不畅。特别是在专业设置方面存在不合理、动态调整机制不够等问题。大部分高校将建设重心集中在如何更多地申请新专业，申请新硕士点、新博士点，而对已有专业，已有硕士点、博士点的建设关注力度不足，重申请、轻建设，高校内部专业设置不合理，学科点在一个学院，类似专业却分布在多个学院，学校内部围绕同一个学科存在交叉重复建设。部分专业长期招生，但师资、生源质量较差，就业率长期不高，不能满足经济社会发展需求。部分课程设置落后于企业、社会发展需求，师资长期得不到补充，严重滞后于经济社会发展需要。部分专业在停招、淘汰过程中存在较大阻力，高校缺乏针对性的应对方案，长此以往会阻碍高校专业、学科建设，阻碍科研成果的高质量产出，阻碍高等教育服务于经济社会的能力。

高校教育教学审核评估应该充分发挥第三方评估机构的作用，积极探索"管办评分离"。让市场因素在推动高等教育改革中发挥更多作用，特别是要尊重市场经济规律，尊重社会需求对高校专业调整、学科调整、课程调整的正向推动作用。让高等教育面向社会需求，更好地服务于经济社会发展。地方教育机构也要明确好权责，在进行统一规划的基础上，提出专业、学科建设要求，进行全省区市范围内的统一部署，发挥高校自主办学的主动性，发挥政府部门的监督引导作用，推动自我建设、自我发展与评估的有效融合。

第二节　审核评估分类指导建设不足

差异化建设是高等教育的重要特点之一。各地区经济社会基础、教育资源分布、资源禀赋等存在一定差距，如何从当地实际出发，针对性地开展教育教学建设，提升教学质量是高等教育的重要方向之一。新一轮审核评估从高校实际出发，提出了差异化分类评估的方法，实现了教育教学评估更加针对性、有效性建设。但评估模式转型需要一定时间，特别是在理念转变及实际推动方面还有较大的提升空间。

一、分类评估意识转变不足

以高校为核心，在高校之外的评估称为外部评估，高校内部的评估被称为内部评估。我国自 20 世纪 80 年代开始进行的高校教育教学评估基本以国家为主导，是典型的以外部评估为主的方式。这种评估以教育行政部门为主，通过行政手段对高校的教育教学质量进行评估、检查，有效地推动了高校教育教学质量的改善。但以外力为主的教育评估在推动高校评估的主动性、积极性，以及满足高校特殊性、特色化建设方面存在一定弊端，在一定程度上不利于调动高校自我建设发展的主观能动性。高校教育教学评估的实质是一种对高校的问责行为[①]。通过教育行政手段，对高校教育教学情况进行考察、评判，对其标准执行情况、教学质量状况、人才培养质效、社会服务能力等都提出较高要求，部分行业特色高校需要花费大量时间满足统一评价标准，在一定程度上脱离了自身的行业特点与特色，不利于专业类、行业类高校的整体建设。通过问责，对教育教学过程中存在的问题加以梳理，督促学校建设更加科学化、体系化。

2011 年，教育部颁布的《教育部关于普通高等学校本科教学评估工作的意见》中，提出了建立健全以学校自我评估为基础，以院校评估、专业认证及评估、国际评估和教学基本状态数据常态监测等组成的"五位一体"的评估体系，第一次从政策层面将学校自我评估作为评估制度体系的一个重要组成方面提了出来[②]。在这轮评估中，已经开始考虑被评估院校的特殊性，通过学校内部建设，实现自我完善、自我发展，表明在充分尊重外部评价的基础上，开始探讨内部评价在推动高校教育教学进一步发展的方式。但总体来说，仍然缺乏高校分类评估实践，在具体操作上还缺乏必要的尝试。

2020 年 10 月，中共中央、国务院印发的《深化新时代教育评价改革总体方案》，第一次从国家层面对教育评价改革作出全局性部署，尤其是在高等教

---

① 姚宇华，陈想平，黄彬：从强制问责到自愿问责：高校教学质量保障体系的困境与突破，《常熟理工学院学报（哲学社会科学）》，2018 年第 6 期，第 83 页。

② 同上。

育领域提出"推进高校分类评价""改进本科教育教学评估",开启了新时代教育教学评估的新阶段。2021年1月,教育部印发的《普通高等学校本科教育教学审核评估实施方案(2021—2025年)》在继承上一轮评估方案优秀做法的同时,本着用"自己尺子量自己""五个度"等方面的经验共识,强调分类评估。通过柔性分类的方法,提供四种评估方案,将审核评估分为两大类。第一类审核评估聚焦世界一流大学建设目标高校,这类高校评估集中于服务建设国家重大战略需求的本科高校。第二类审核评估根据高校办学定位及历史的差异,又分为三个不同层次:前两个层次集中于已经参加过上轮审核评估的高校,其中第一层次高校的培养目标主要集中于培养学术型人才,第二层次高校主要聚焦于培养应用型人才;第三层次主要针对于已通过合格评估5年以上,首次参加审核评估、本科办学历史较短的地方应用型普通本科高校。整体来看,两大类审核评估侧重点有所差异,第一类更集中于国家重大战略需求,力求通过本科教育教学审核评估,推动这些学校聚焦国家战略,冲击世界一流学科、世界一流专业、世界一流师资、世界一流人才培养、世界一流平台,为国家建设、发展的突破提供前沿支撑与智力支持。参加第二类审核评估的高校数量众多,以地方高校为主,立足地方、行业特色,审核评估重点集中于人才培养定位、教育资源建设、人才培养过程、学生发展状况、人才培养成效、社会反馈等方面,较好地满足了学校个性化建设需求,充分考虑了学校建设实际,参评高校可以根据自身实际情况选择参与评估的类型,自主选择适合学校建设发展的赛道。

整体来看,在国家层面已经逐步实现了从本科教学评估向本科教育教学评估的转变,评估的重点已经从单纯的教学领域向教育教学领域转变。这一转变不仅是范围的转变,更是教育理念的丰富和完善,表明国家更注重从顶层设计层面进行优化完善。但相对来说,分类评估的意识和理念仍然相对不足。一方面,分类评估理念提出时间尚短,缺乏完善的制度支撑与配套举措。分类评估的思想及呼声虽然早就存在,但从实践范围来看,是在2020年之后才正式写入国家部委文件,并推广到全国的。总体来看,仍然缺乏较为细化的制度安排,在一定程度上影响了整体性、全面性的贯彻、落实、执行。另一方面,大部分高校是第一次参加分类评估,对评估理念的认知及建设需要过程。本轮审核评估涉及的高校范围广、种类多，既包括"双一流"建设大学，也包括地方普通高校、新建高校，不同学校在定位、分类等方面差异较大，很难以统一的标准实现全面、具体的"均等化"审核。部分高校建设习惯于传统的普遍式评估，对分类评估的重要性、意义认识不够深刻，特别是在具体行动的落实上同分类评估的要求还有一定差距，在思想转变方面还有待改进。

二、分类建设实际推动不畅

审核评估分类建设的具体实施状况主要取决于三个方面。一是国家层面自上而下的制度规划，二是省市层面的整体规划，三是高校的具体规划落实情况。从实际情况看，三者在教育教学审核评估的具体建设上存在差异。高校是高等教育教学质量的责任主体，高校办得怎么样不只取决于国家政策，更取决于地方的配套状况及高校的具体落实情况。

（一）国家层面

高等教育的体制改革，一个基本的问题就是要正确处理政府和学校的关系。改革的起点是权力高度集中的计划体制。在这种体制下，政府做了很多既管不了又管不好的事情，管了学校内部的许多具体事，仿佛全国在办一所高校[①]。这种无差异化的"一刀切"评估政策在一定程度上方便了国家教育政策的贯彻落实，集中于矛盾、问题的普遍性，但对矛盾的特殊性，特别是不同高校的实际情况关注、思考不足。现有审核评估的整体框架在总体上是可行的，在教育教学目标、师资队伍、学生发展、社会服务、国际化等方面都提出了要求。尤其是新一轮审核评估提出的分类建设思想，在很大程度上给各地区、各高校更多的自主权。各省、自治区、直辖市可以更好地指导本地区高等教育建设，同时根据部属高校发展阶段的差异专门设置了"双一流"建设大学的建设渠道，实现了差异化的管理。整体上看，高等教育评估效果同国家政策

---

① 瞿振元：本科教学工作审核评估的常态化建设，《重庆高教研究》，2020年第3期，第8页。

及规划发展状况密切相关，尤其是在经济全球化、科技竞争不断加剧的情况下，实现教育的差异化建设对于国家在经济竞争中占据有利地位更加重要。但这种差异化建设需要经历一个由特殊到普遍再到特殊的过程，需要通过局部试点，实现全域化建设。

（二）地区层面

高等教育教学评估是一个横向到边与纵向到底的结合，既需要从中央到地方的垂直教育体系建设，又需要地方之间横向政策规划的完善。当前我国高等教育已经进入新阶段，但不同地区的教育发展并不均衡，东中西部地区在人才培养、师资力量、科研产出、生源质量等方面有明显差异，总体上呈现较为明显的差异化。我国大部分"双一流"建设大学集中在东部地区，而中西部的省区市不管是在高校数量、高校层次还是在政策导向方面都存在一定差距。教育教学评估同教育发展的现实状况密切相关，进行评估前需要首先对不同地区的教育实际存在清晰的认知，避免在所有地区采取同样的政策。新一轮高等教育教学审核评估通过差异化的策略赋予了地区较大的自主权，地区如何认识、深化评估政策，如何根据自身实际状况有针对性地加以改进，成为考验和衡量一个地区教育政策建设的重要指标。从实际情况看，大部分省区市能够正确认知新一轮教育教学审核评估的意义、价值，但由于区域性差距较大，不同地区间对如何更好地进行分类建设还存在差异，尤其是如何明确国家政策、地区发展同高校实际之间的不同诉求，做到三方目标都能较好地实现。不能很好地解决地区建设分类问题，不能很好地明确地区教育教学评估的具体指向与发展目标，对地区高等教育的高质量发展会形成一定限制。

（三）高校层面

高校是高等教育教学质量提升的关键，所有政策最终都需要落实到高校的日常教育管理中。高校教育教学评估状况同国家、地方政策密切相关，既需要及时贯彻落实国家政策、地方政策，还要根据不同高校的实际情况开展工作。新一轮审核评估增加了高校评估类别自选环节，如何正确认识和定位，选择适合自身实际的定位成为关系高校建设发展的重要因素。审核评估有两个主要目的。一是外向性目的，即对于高校外部来说，教育主管部门通过第三方专门机构对高校本科人才培养工作进行审核评估，达到监管高等教育质量的目的，以满足公众对高校人才培养状况知悉的需求，维护公共利益。二是内向性目的，即对于高校内部来说，促进高校建立适宜性、充分性和有效性的人才培养质量保障体系，促进高校强化教学工作中心地位，促进本科教育质量不断提高[①]。审核评估是评价高校教育教学质量的手段，通过审核发现问题、解决问题，更好地推动教育教学质量的提升。但在进行审核评估之前，必须有一个建设过程，这就需要在审核评估前首先提出建设要求，通过明确要求厘清高校建设发展方向。

现阶段，大部分高校是第一次参加新一轮审核评估。部分高校对审核评估的认知还停留在之前的阶段，对高校评估分类的认知不够深刻，实际推动改革建设的举措相对不足，影响了教育教学质量的有效提升。例如，如何确定高校本身是以培养学术型人才为主还是以培养应用型人才为主就存在分歧。在中国现存的1300多所本科高校中，大部分属于地方高校，这些高校立足于地方建设实际，为地方经济社会发展及人才输出作出了重要贡献。从学校类型来看，大部分高校属于应用型，涉及师范、农业、工业、科技、艺术等不同方面。从实际情况看，部分高校定位为"教学科研+应用技术"综合类型的高校，这些高校从严格意义上来看，较难以一类方式进行定位，既不属于传统的研究为主型的学术类高校，又不属于现代化的应用技术为主的应用类高校，但新一轮审核评估主要集中于学术型和应用型，中间缺乏过渡阶段。部分高校为了实现归类明确只能进行转型，但从转型的时间、投入来看，部分学校前期准备不足，需要投入更多的人力、物力、财力，需要思想、行动等的同步推进，在一定程度上增加了学校转型的难度与负担。

---

① 张安富：本科教学工作审核评估的再认识及持续改进，《高教发展与评估》，2018年第3期，第21页。

第三节　审核评估价值标准融合不畅

以什么样的标准来指导和衡量教育教学审核评估是一项重要问题，关系到本科教育教学审核评估的总体方向。教育教学审核评估在价值选择上，既要符合高等教育教学的基本规律，同时又不能完全依赖教育教学本身的规律盲目发展，要特别注意其中的价值导向引导。党的十八大以来，国家尤其重视高校在立德树人中的作用，强调教育教学要围绕立德树人这一核心工作展开，在教育教学过程中要通过顶层设计规划和基本政策落实等方式，将立德树人的价值理念贯穿高等教育教学的全过程，不断提升高等教育教学的质量和水平。但价值理念的塑造和贯彻落实是一个长期过程，现阶段在评估理念的执行过程中仍存在诸多问题，突出体现在各高校在审核评估理念指导教育教学的实践过程中标准融合不畅，高校缺乏相应的应对举措，或者在执行过程中理念更新不及时，制约了教育教学审核评估目标的实现和教育教学质量水平的提升。

一、教育实践同评估要求衔接不足

本科教育教学审核评估是指导教育教学的重要过程。一方面，通过本科教育教学审核，上级组织部门及高校可以发现教育教学过程中存在的问题，及时进行优化改进。另一方面，高校可以以教育教学审核评估要求为参照，对高校自身的教育教学状况进行指导，在教育部门的宏观把控之下，优化教育教学环节，完善教育教学过程，从而提升高校教育教学的质量和水平。新一轮教育教学审核评估对高等教育提出了更多要求，高校需要参照评估要求进行建设、完善，但从现有情况看，部分高校对教育教学审核评估的理解、执行存在偏差，在分解审核评估指标的时候存在不均衡，过于重视部分指标的问题，造成建设效果存在差异。

一是教育教学过程中对立德树人的目标定位不清、建设举措不够。党的十八大以来，党和国家高度重视立德树人的作用，将立德树人作为思想统领，将立德树人效果作为检验学校一切工作的根本标准，把立德树人的内涵要求融入评估全方位、全过程，强化立德树人基础、指标和制度建设，建立立德树人"负面清单"。立德树人已经成为高等教育的基本要求，通过高等教育的日常工作强化立德树人的重要性，统领高校教育、科研、人才培养等全过程，成为各项工作的根本指引与基本要求。而从现有情况看，大部分高校认识到了立德树人的重要性，但立德树人在很多情况下的考核指标以定性为主，不易通过定量方式呈现，因此关于立德树人的评价还相对模糊，各高校在建设过程中差异性较大，不能很好地契合立德树人的考核指标，标准参差不齐，并且部分高校在建设过程中缺乏机制，影响了立德树人成效的实现。

二是教育教学过程中对评估指标的认知及实践存在差距。教育教学审核评估是一个综合性问题，不能单靠感性来评价一所高校教育教学质量的高低。为方便评价，各级部门在进行高校教育教学评估过程中会设计各类指标，但指标的设计是否能够全面有效地反映高校教育教学质量便成为重要问题。从实际情况看，为操作方便，各级部门主要将论文、项目、人才称号、科研经费、获奖等作为评价指标。虽然国家已经明确要破除"五唯"顽疾，但在实际评价标准中缺乏其他能代表高校整体实力水平的指标，很多时候还是会参考学历、职称、奖项、称号、项目、论文等指标。这也就造成部分高校在建设过程中将大部分精力集中在这些指标的突破和完成上。在高等教育竞争不断加剧的情况下，越来越多的高校开始通过各种方式争夺资源，高校之间展开人才战、项目战，特别是由于东西部地区资源、待遇等的差距，人才流动幅度大，大量优秀的中西部地区高校人才加入东部沿海地区高校，造成中西部地区人才流失，影响地方高等教育质量的提升。在校内绩效管理及资源配置过程中，还存在较多关注职称、项目、论文、称号等的现象，偏离了高校立德树人的根本指标和高校教书育人的初心使命。教育教学审核评估是一个整体，其核心是通过对教育教学现状的评估，帮助高校发现问题、解决问题，提高教育教学质量。既要发现教育存在的困境、差距，又要发现教学过程中需要提升的环节。而现行教育教学建设过程中，较多以某些占分值较大比重的项目为建设重点，脱离了教育教学的本质。在建设过程中过于集中于那些"看得见摸得着"的显性因素，而容易忽略某些短期不易实现、"看不见摸不着"，但对学校、学生长远发展有利的隐性因素。这些问题在一定程度上限制了评估目标与评估实践的衔接，制约了教育教学成效的整体提升。

三是教育评价以政府部门为主，社会参与明显不足。自 20 世纪 80 年代以来，国家围绕教育教学评估开始了长时间的探索，总体来看，建立起了较为完善的评价体系。现有评价体系中部分社会评价从学科、专业等维度形成了一定的评价体系，为社会各界选择、评价学校提供了重要参考。但总体来看，现有的教育教学评价依然以政府为主导，虽然政府主导下的高等教育评价有其政策优势，但同"管办评分离"的要求存在一定矛盾，教育部门既是政策的制定者，又是政策的评价者，缺乏第三方机构的评价。即便是增加第三方评价机构，也存在机构选择困难，社会机构是否能够真实评价、客观反映高校教育教学实际水平等问题。现有的第三方评价机构指标体系存在差距，评价标准参差不齐，不能完全反映高校的真实情况，但政府不出台统一的评价结果又会影响社会各界对高校的评价，影响高考志愿的填报及学校选择，关于教育教学评价存在两难境地。从现实情况看，高校在日常建设中的侧重点不同，仍然主要以政府评价引导为主，较难完全反映市场需求和社会需要，不能充分反映社会各界利益诉求，需要进一步探索适合教育教学评估和教育教学实践推进的渠道。

二、教育价值理念站位更新不及时

本科教育教学审核评估是国际社会面临的共同问题。如何采取科学合理的评价标准对教育教学质量进行客观反映是各级教育部门的重要探索方向。高校在教育教学过程中需要与时俱进，时刻与国际主流评估理念接轨，及时更新自身评估指标，将评估指标看作督促高校教育教学改进的重要依据与指导，通过实时改进，有效推动教育教学质量的提升。

一是对高等教育的国际化认识不到位。新一轮审核评估设置了教师赴国（境）外交流、访学、参加国际会议、合作研究等指标，指出学校要创造良好条件，鼓励教师赴国（境）外交流、访学，提升教师国际视野和国际影响力。同时设置了"国际视野"板块，考察与国（境）外大学合作办学、合作育人及与本科教学相关的国际交流活动和来华留学生教育开展情况；国际先进教育理念、优质教育资源的吸收内化、培育和输出共享情况；学生赴国（境）外交流、访学、实习、竞赛、参加国际会议、合作研究等情况，并评判在学期间赴国（境）外交流、访学、实习的学生数占在校生数的比例。从评估指标看，国家重视高校教育教学与国际的接轨情况，通过国际化建设吸收借鉴国（境）外经验，提升自身教育教学水平。但从实际情况看，不同层级高校在进行国际交流，提升教育教学国际化的具体举措方面仍存在诸多问题，教育教学理念的更新仍存在滞后，部分高校单纯是为了完成评估指标考核而盲目进行国际交流，同教育实质发生偏离。

二是对自我评估的重要性认识不到位。由教育部评估中心或省（自治区、直辖市）主导的审核评估是建立在高校内部审核评估基础之上的外部审核评估。高教界习惯将高校内部审核评估称为自我评估。自我评估是教育教学审核评估的重要阶段，是学校发现问题、分析问题、解决问题，提升自身教育教学质量的重要方式，但从实际情况看，现有高校中普遍存在对"内审"认识不到位、"内审"意识薄弱、"内审"制度不健全、"内审"工作进展不理想，甚至评估机构进校"外审"前的学校"内审"工作或多或少流于形式，或者"内审"是为了应对"外审"而进行的预演等现象，并非真正意义上的旨在自我把握人才培养状态、发现存在问题、持续改进不足的"内审"[①]。新一轮审核评估进一步强调自我评价及自评报告的重要性，并对自评报告的撰写方式、注意事项等做了明确规定，要求高校在自评报告中明确自评结果，从学校办学方向与本科地位、培养过程、教学资源与利用、教师队伍、学生发展、质量保障、教学成效等方面作出了要求，审核评估在自评过程中需要对上述部分作出回应，并明确存在的问题、分析原因及下一步整改举措，为审核评估的有序进行指明了方向。但从实际情况看，大部分高校的审核评估自评主要是从结果导向入手，关注点集中在如何完成自评报告，将自评报告中的规定事项当成学校建设的要求，在一定程度上，审核评估的自评阶段应该是审核评估的基本要求，应该是高校教育教学应该完成的基本工作，但在实际操作过程中，部分高校将最低

---

① 张安富：本科教学工作审核评估的再认识及持续改进，《高教发展与评估》，2018年第3期，第19页。

要求当成最高要求，甚至还不能满足审核评估的基本要求，在完成自评报告过程中，存在一系列问题，为了完成自评报告而盲目拼凑数据。从整体上看，对自评的认识不到位，将自评当成一项外在任务，而忽视了自身进行自我建设与评估的主动性、积极性，缺乏真正对审核评估的内在认识，不利于审核评估目标的实现和本科教育教学质量的有效提升。高校需要重新认识自我评估的重要性，不断更新教育教学理念。

三是对持续整改认识不到位。历次审核评估都强调整改工作，新一轮审核评估专门要求高校要对本科教育教学审核评估制定整改方案，并对整改方案的制定提出了具体要求，同时要求撰写审核评估整改报告，从本科教育教学工作中存在的问题、整改工作总体安排情况、整改方案的落实情况、整改工作经验和不足等方面作出了明确要求，审核评估整改工作要求更加细化，规范更加明确。从现有情况看，高校能认识到审核评估整改工作是教育教学评估的重要组成部分，对整改工作也都高度重视，但仍然存在审核评估自评和整改存在分离的现象。审核评估整改是审核评估过程中必然要面临的问题，在审核评估的自评和考察阶段，会发现高校本科教育教学过程中面临的各种问题，如何正确认识这些问题，分析问题产生的原因并有针对性地进行改进，是决定审核评估结果的重要因素。然而，许多学校对于审核评估整改的认识主要停留在整改制度、方案的制定和整改报告的撰写上，至于整改报告的具体落实及整改行动的展开则关注不足。部分高校在审核评估完成之后又回到之前的状态，并没有真正解决审核评估中发现的各种问题，在一定程度上制约了审核评估工作效果的提升。

第四节　审核评估方法手段创新不足

高等学校教育教学同经济社会发展状况密切相关。我国高等教育经历了不同发展阶段，针对高等教育的评估也不断进行调试改革，评估指标不断调整，评估方法不断调试，评估内容不断充实，评估形式更加多样。特别是"双一流"、教育评价改革等政策出台后，对高等教育教学评估提出了更多要求，尤其是要求高等教育教学方式不断创新，既要适应国际教育发展变化及国家间竞争对人才培养的需要，又要适应经济社会转型对专业性人才的需求，同时要适应国家政策调整变革对教育教学质量提升的要求。整体来看，现阶段我国在本科教育教学审核评估方面已经形成了较为完善的制度体系，从指标制定、流程规范、审核重点等方面明确了关注重心，但在充分利用信息技术变革带来的教育环境革新，以及学校、教师、学生三者关系处理等方面仍存在一定不足，需要各级部门及高校共同进行改进。

一、教育信息化评估方法运用不足

《普通高等学校本科教育教学审核评估实施方案（2021—2025 年）》在基本原则中规定，要坚持方法创新，综合运用互联网、大数据、人工智能等现代信息技术手段，深度挖掘常态监测数据，采取线上与入校结合、定性与定量结合、明察与暗访结合等方式，切实减轻高校负担，提高工作实效。其中特别强调，要综合运用互联网、大数据、人工智能等新技术推动审核评估的开展。

近年来，信息技术迭代发展速度不断加快，对本科高校教育教学水平的提升提出更高要求，对传统教育教学评估方法也提出更多挑战，如何科学、快速适应教育教学环境的变化，如信息技术的变革，成为高等教育现代化面临的一项新问题。以 ChatGPT 为代表的生成式大模型通过大数据、大算力、强算法的机器学习能够快速生成高精度、高密度的学习成果，促使信息技术与教育教学的融合已经从影响教学方法、手段等形式变化的增强性赋能，发展到引发教学目标、教学内容等内涵变化的颠覆性革命。基于师—生—机三元结构的新型教学模式，学生能够开展自生产、自适应的学习。高等教育普及化背景下的大规模、标准化教学具备了走向可定制、个性化学习的技术支撑。智能化的伴学、助学有利于学生不断拓展认知边界、强化深度学习、提升高阶思维能力[1]。一般来说，高校教育教学是把信息技术变革当作教育方式变革的支撑手段，将信息化看作是技术手段的变化，用于调整教学工具、教学渠道，但在实际过程中，

---

[1] 林妍梅：以新一轮审核评估推动应用型高校高质量发展的策略研究，《北京联合大学学报》，2024 年第 4 期，第 7 页。

教育教学方式的变化遇到的挑战更多。现阶段，高校学生逐步过渡到"00 后""05 后"群体，这部分学生生活在互联网时代，获取信息、接收信息的渠道更加广阔，传统教育教学手段的技术性变革已经不能满足学生学习需求，对高校教育手段的信息化变革提出更多要求。特别是大数据、人工智能等技术的变革逐渐重塑了教师、学生之间的关系，信息技术手段在推动教育教学过程中可以发挥的作用已经由单向度向多向度转变。

一是高校教育教学信息化技术运用状况参差不齐。高校学科专业门类众多，并不是所有专业都对信息化技术有同样的需求。部分人文社科专业可能对信息技术的要求较低，但部分同信息技术密切相关的通信、计算机等专业，不仅需要学校加快信息技术新条件、新设置、新空间、新资源的配备，同时也要求高校教师不断提升信息化技术能力与素质。新一轮审核评估强调线上评估与线下评估相结合，学校需要有满足线上评估的条件，包括是否实现教育教学过程中教学资料的全流程网络化建设，对课程教学计划、考试试卷、考试成绩等实现网络化管理，是否实现课程学习及考试结果的全流程分析及网络系统备案，是否建设有足够的网络在线课程支撑学校教育教学，是否有足够的网络服务系统，包括网络在线教学、网络在线答疑、网络考勤、网络测试系统等。这些都给现代化教育教学带来了挑战。一方面，不是所有学校都真正认识到教学信息化、网络化对于推动教育教学的重要性，在准备线上资料的过程中，盲目地理解为建系统，系统使用效率不高，仅是将其作为迎接审核评估的一部分，缺乏将线上资源建设作为审核评估支撑及教育教学质量长期提升的认识。另一方面，线上资源建设质量存在差距。信息化是高等教育现代化的技术支撑，但技术支撑是建立在大量财政支出基础之上的，部分高校缺乏信息化学科与技术，为了信息化而盲目建设各类系统，在一定程度上偏离了本科教育教学审核评估数字化、信息化建设的初衷。同时线上、线下的融合也难以完全满足需求，线上线下建设存在"两张皮"现象。

二是本科教育教学审核评估的信息化方式运用不均衡。大数据、人工智能等信息技术的变革带来高校教育教学环境的同步推进。在推动教育教学方式变革的同时，也要求教育教学评估方式的同步推进。现阶段，教育部门已经认识到高校教育教学手段信息化变革对高等教育发展的推动作用，在新一轮审核评估中特别强调加强对信息技术运用状况的评估。新一轮审核评估重点审核学校推进信息技术与教学过程融合、加强数字化教学环境与资源建设情况；促进学校积极推进信息技术与教学过程的融合，推动互联网、大数据、人工智能、虚拟现实等现代技术在教学和管理中的应用，探索实施网络化、数字化、智能化、个性化的教育，推动形成"互联网+高等教育"新形态①。审核评估对数字化、信息化建设的要求更多体现在宏观层面，但建设效果的差异更多体现在微观层面。部分高校针对信息化建设需求，通过线上线下教学相结合的模式，进行智慧教室等硬件设施建设，强化线上教材、线上教学资源建设，通过强化校园网络、建设专门的系统、网站、App 等方式将学生的教学、生活、学习、科研等联接起来，将学生、老师、学校组成一个整体。但从本科教育教学审核评估的实际情况看，高校在教育教学信息资源建设上的差异化发展较为明显，一方面需要高校在教育教学信息化、数字化方面有统一的标准，实现整体性建设；另一方面，也要求高校有更多自选动作，发挥自身的积极性、主动性、创造性，体现自身特色。新一轮教育教学审核评估在规定动作的基础上，增加了部分自选动作，让学校能有更多空间，展现自身特色，并且教育部门强调部分优秀的教育教学优秀经验将进行表彰、宣传、推广。但整体来说，各高校需要按照自身实际及建设情况有针对性地审视自身数字化、信息化建设方案，既满足统一要求，又能更好地适应自身建设发展的实际。审核评估采用的主要是本科教学基本状态数据，但反映教师的"教"和学生的"学"的实时、动态数据少，对基本状态数据的深入挖掘和关联分析还很不够②。现有教育教学的信息技术手段主要反映的是静态数据，以教育教学过程中的现实状况为主，而对是否能够动态地实现教育教学数据的实时展现则关注相对不足，不便于实时解决教育教学过程中存在的问题，教育教学的实时改进及提升有较大空间。

---

① 李志义，朱泓：以先进的质量保障理念促进本科教育教学综合改革——新一轮审核评估指标体系内涵解析，《高等工程教育研究》，2021 年第 6 期，第 77 页。

② 陆根书，贾小娟，李珍艳，牛梦虎，徐菲：全国普通高校本科教学工作审核评估：成效、问题与发展策略，《大学教育科学》，2020 年第 2 期，第 95 页。

二、对学校、教师和学生评估认知不到位

本科教育教学审核评估成效主要参考评价指标，评价一所学校教育教学质量水平，目前也主要以各种类别的评估结果为主。一般来说，现有评估结果主要分为官方和民间等类别，官方评估结果包括专业评估、学科评估和教育教学审核评估等，民间评估结果则多以各种企业的评估结果为主，主要针对大学排名、学科排名等，既有国内评估机构发布的排名，也有国外企业、研究机构等发布的排名。由于评价指标存在一定差异，不同机构发布的排名也存在差异。在现行官方评估结果不足的情况下，各类民间评估结果成为评价一所学校学科、专业实力的重要标志，也是学生、家长高考志愿填报选择，以及考研、就业选择的重要参考，部分用人单位也根据各类学校排名、学科、专业排名状况确定招聘名单。因此，各类评价指标的制定状况就成为影响评价结果的重要因素，对高校教育教学提出更高要求，部分学校为了吸引优质生源，就不得不重视各类排名，为了实现排名的上升，就需要不断根据各类指标调试教育教学，高校处在一种双向限制中。2020 年中共中央、国务院印发的《深化新时代教育评价改革总体方案》指出，"教育评价事关教育发展方向，有什么样的评价指挥棒，就有什么样的办学导向"。一般来说，本科教育教学审核评估主要涉及学校、教师、学生等不同层面。从现有评价指标看，更多重视的是学校教学质量，而对最大受众——学生的关注重视程度有一定欠缺，对教师在教育教学中应该如何更好地发挥作用认知也不到位。

一是学校评价改革有较大提升空间。《深化新时代教育评价改革总体方案》强调"改革学校评价，推进落实立德树人根本任务"，"改进本科教育教学评估，突出思想政治教育、教授为本科生上课、生师比、生均课程门数、优势特色专业、学位论文（毕业设计）指导、学生管理与服务、学生参加社会实践、毕业生发展、用人单位满意度等"。特别强调要改进高校本科教育教学评估，并突出强调高校教育教学中应该注重立德树人，落实立德树人根本任务。强调在高校教育教学过程中要注重思想政治教育等内容，在提高教育教学质量的同时，更要注意学生思想道德素质的提升，并将对学生服务水平纳入教育教学评价的重要组成部分，强调要推动学生社会实践，推动毕业生就业、管理与服务，

强调加强学校与社会企业之间的关联，深化校企合作关系。方案在强调改革学校评价的过程中并不仅集中于教育教学评估，还从学科评估、应用型本科评价、"双一流"建设成效评价、师范院校评价、高校经费使用绩效评价、高校服务全民终身学习等角度进行了规范，将其共同作为高校评价改革的重要组成部分。强调不仅要做好每个部分的考核评价，更重要的是如何从宏观上统筹高校教育教学改革的全过程，通过强化学科评价，推动学科建设、专业建设，提升学校整体学科专业水平，为本科教育教学质量的提升提供基础保障。通过应用型本科教育评价的改进，提升本科教育教学直接服务于经济社会发展的能力。通过"双一流"建设，明确一流大学、一流学科等高校及普通高校在教育教学改革与发展中的不同定位，从各自实际情况出发提升本科教育教学质量，打好高校建设基础。通过对师范院校的评价，为高校教育教学奠定师资基础，改善近年来部分学科、专业建设因社会需求变化而产生的各种问题。但总体来看，高校教育教学评价标准仍然处在不断探索的过程中，需要进一步适应经济社会发展变化需要，尤其是要满足高等教育差异化发展的规律，提升教育主体、受众的适应度。

二是教师评价改革需要持续推进。《深化新时代教育评价改革总体方案》强调"改革教师评价，推进践行教书育人使命"，"坚持把师德师风作为第一标准。坚决克服重科研轻教学、重教书轻育人等现象，把师德表现作为教师资格定期注册、业绩考核、职称评聘、评优奖励首要要求，强化教师思想政治素质考察，推动师德师风建设常态化、长效化"，"突出教育教学实绩。把认真履行教育教学职责作为评价教师的基本要求，引导教师上好每一节课、关爱每一个学生"，突出了教师在教育教学中的重要性。教师是高校教育教学质量的重要支撑，高校教育教学状况同教师的态度、能力、水平密切相关。本科教育教学评价不仅涉及教育教学本身，从一定程度上讲更是在考察教师解决教育教学问题的能力和水平。相比于研究生教育，本科教育更注重教学本身，但现行高校教育评价指标在设置上更侧重考察高校教师的科研能力，对教学的重视程度、关注程度相较于科研存在差距，这就在一定程度上限制了教学与科研的均衡发展。特别是对教师教学能力提升的关注、培育不足，对教师在教育教学方面履职尽责的评价缺乏科学合理的指标。现行高校教育教学评价在指标设置上应当更多地尽可能体现教学对高校发展的贡献，创造更多条件支持教学型教师的发展，给教学效果好、深耕教学、负责任的教师更多的发展空间，不断完善高校教育教学发展环境。

三是学生评价改革需更加全面。学生是高校教育教学的最重要受众，学生在教育教学中的获得感是评价高校教育教学质量的重要参考，各级各类评价需要重点参考学生在教育教学过程中的获得感，将其作为体现学校教育教学质量的重要指标。《深化新时代教育评价改革总体方案》强调，"改革学生评价，促进德智体美劳全面发展"，"严格学业标准。完善各级各类学校学生学业要求，严把出口关"，"完善过程性考核与结果性考核有机结合的学业考评制度，加强课堂参与和课堂纪律考查，引导学生树立良好学风。探索学士学位论文（毕业设计）抽检试点工作，完善博士、硕士学位论文抽检工作，严肃处理各类学术不端行为。完善实习（实训）考核办法，确保学生足额、真实参加实习（实训）"。从现有各类教育教学评价指标看，重心仍然放在学校教育教学本身，以学生为中心的考查导向执行得还不彻底，特别是如何评价学生在教育教学过程中能力水平是否得到提升存在一定的争议。一方面，要看学校、教师的教育教学质量、教学态度、教育教学软硬件支撑。另一方面，也要看学生在教育教学过程中的学习态度、学习投入等。只有在此基础上才能更加均衡合理地评价教育教学质量和水平。新一轮审核评估指标中专门设置了学生发展与支持指标，但对学生的反向评价重视仍然不够，很多时候对教育教学质量的评价不能仅看眼前的显性指标，还要从长远看学生毕业后的持续发展情况，将教育教学看成一项长期工程，以持续性的方式看待高等教育，不断提升教育教学的能力和水平。

第八章

国内部分地区本科教育教学
审核评估的经验

自 1985 年中共中央颁布《中共中央关于教育体制改革的决定》，明确"教育管理部门还要组织教育界、知识界和用人部门定期对高等学校的办学水平进行评估"以来，我国高等教育评估已经走过 40 年的历程。40 年来，各地围绕本科评估进行了丰富探索，对教育的对象、内容、方式、方法、渠道等都有了更深刻的认识。从总体来看，本科教育教学由教育部统筹指导，各地教育管理部门及第三方机构在评估中发挥了重要作用，是指导、监督教育教学审核评估顺利进行的重要保障。各地区经济社会发展状况不同，对专业人才类型、数量的需求不同，这就造成不同地区对教育教学审核评估的要求、态度、认知存在差异。各地区围绕教育教学审核评估不断实践、探索、思考和优化，逐步形成了较为完善的评价体系，指导教育教学工作的深入推进。从前一轮全国性审核评估及新一轮审核评估的已有举措来看，各地区围绕评估理念、政策文件、协同参与、内涵建设、特色探索等进行了优化改进，形成了一系列经验，分析、研究、总结、提炼这些经验，有助于更好地从宏观层面把握审核评估的基本要求，同时从微观层面更好地推进教育教学审核评估的细致落实。

第一节　国内部分地区本科教育教学审核评估的主要举措

审核评估是各地区教育教学工作的重要组成部分。按照科层制的逻辑，各地区在教育部的统一领导下，推动教育教学评估工作的有序开展。从各地区情况看，省（自治区）教育厅、直辖市教委等教育主管部门负责地方教育教学审核评估的开展，各非部属高校在省级教育部门的直接领导下开展教育教学评估工作，根据评估指标要求不断检视自身工作差距，通过一定的建设期，形成自评报告，并通过线上线下方式接受教育部门的审核评估。总体来看，本科教育教学审核评估的指标方向大体一致，但各地区在教育教学探索过程中从自身实际出发对指标进行了一定补充，使之更加符合地方特色，以更好地服务地方经济社会发展，为新一轮审核评估提供重要参考。

一、确立切合实际的迎评理念

评估理念是指导教育教学审核评估有效开展的先导。各地区在遵循教育部关于新一轮审核评估整体理念的基础上，从自身实际出发，不断探索，提出契合当地实际的教育教学审核评估理念，完善评估体系架构，推动评估工作有效开展。如何认识审核评估，并在专家进校评估前做好一系列迎评准备工作，是审核评估的重要支撑。新一轮审核评估在以往评估的基础上，确立了"坚持立德树人、坚持推进改革、坚持分类指导、坚持问题导向、坚持方法创新"等基本原则，将立德树人摆在第一位，突出强调教育教学过程中立德树人的重要性，将高校立德树人状况作为检验学校教育教学成效的根本标准。具体来看，一方面将立德树人成效作为教育教学审核评估的核心指标。在前几轮审核评估的基础上进一步丰富了立德树人的指标设置，引导高校探索立德树人目标，创新立德树人实现途径，将知识育人和价值育人联接起来。另一方面，丰富当前立德树人的价值内涵。以立德树人统领教育教学审核评估的指标建设，重点衡量现有指标体系对高校立德树人目标实现的支撑作用，评判是否有利于知识传承，是否有利于价值传播等。不断丰富教育教学评估中不同要素的立德树人功效，在教师评价中设置德育内涵，加强对教师师德师风的考核，引导教师实现教书育人的统一；丰富专业建设评估指标的德育内涵，在培养方案的评价指标中凸显人才培养应具备的国家大德、社会公德、职业道德和个人品德，在课程建设的评价指标中重塑课程三维目标，发挥每门课程的育人功能[1]。将不同

---

① 石定芳，陈恩伦：从"问责"到"激励"：我国本科教学评估政策的演进逻辑与发展趋势，《贵州师范大学学报（社会科学版）》，2020年第6期，第68页。

层面的立德树人看作一个统一整体，既要求学校完善立德树人指标要求，又要求教师落实立德树人职责，提升立德树人实效。

将"以本为本""四个回归"等理念贯穿教育教学全过程。引导高校更好地回归教育教学本身，引导高校、教师、学生各司其职，强化教育教学日常管理，在审核评估初期的方案制定及迎评工作中强化部署，将国家深化教育教学改革的理念贯穿自评工作的全过程。各地区在教育部专家进校审核评估之前，都会提前组织相应的预评估，组织相关专家学者提前对学校的教育教学状况进行把关。各省区市大都会组织预评估，通过当地省教育厅或直辖市教委组织专门高教机构负责评估，依据国家政策规章及审核评估指标主动履行高校评估责任，督促本地高校按照要求参与评估，提前进行自评，对高校自评状况进行审核，推动高校不断整改。如北京、浙江、上海等地都针对教育部新一轮审核评估方案，充实、丰富、优化了本地教育教学评估方案，在国家统一评估要求的基础上，将当地长期关注的问题及长期未解决的问题纳入审核评估指标中，真正通过审核评估助推高校问题的改进，提升教育教学成效，助推教育教学能力水平的提升。

二、出台保障评估的政策文件

自 1985 年至今，我国本科教育教学评估制度经历了 1985 年、1990 年、1998 年、2002 年、2011 年、2018 年和 2021 年七个重要时间节点，高等教育教学评估政策逐渐完善，形成较为明确的制度保障体系。各地区在贯彻教育部审核评估办法的过程中，结合本地需要制定审核评估方案。如北京市针对新一轮审核评估方案制定了《北京市属普通高等学校本科教育教学审核评估实施方案（2021—2025 年）》，结合北京市高等教育发展实际，在教育部"两类四种"评估类型的基础上，细化为"两类五种"评估类型。新增并完善审核重点、必选项和可选项共计 32 项[①]。在上一轮审核评估中，陕西省印发了《陕西省普通高校本科教学工作审核评估实施办法》，并按照"管办评分离"的原则，委

---

① 张晓玲，全志，蒋婧，等：扎实推进新一轮本科教育教学审核评估 努力开创首都高等教育评价改革新局面，《北京联合大学学报》，2024 年第 3 期，第 3 页。

托第三方评估机构——西安交通大学中国西部高等教育评估中心具体组织实施①。根据补充修订后的审核评估方案组织地区评估。浙江省根据教育部文件，结合浙江高校本科教育教学实际制定了《浙江省普通高等学校本科教学工作审核评估方案（试行）》《浙江省普通高等学校本科教学工作审核评估范围（试行）》等评估文件，在教育部评估指标的基础上进一步细化，增加 1 项审核要素（开放办学）和 10 个审核要点，主要审核各高校对省教育厅近年来出台的高等教育改革文件落实情况②，同时制定了具有浙江特色的审核评估指导手册，方便高校开展审核评估工作。为强化审核评估的数据支撑，浙江省在国家高校教学基本状态数据采集的基础上，专门开展了浙江省的高校基本数据采集，基本标准同国家标准一致，方便在国家数据采集前了解高校各项指标的建设情况，并采取各种培训的方式明确数据采集的重要性，提高数据采集的重视程度和准确度。在新一轮审核评估中，浙江省基本延续了上一轮审核评估的方式，继续在教育部审核评估方案的基础上，修订完善自身评估方案，指导全省审核评估工作的开展。

上海市根据教育部审核评估方案制定了《上海市属普通高等学校本科教育教学审核评估实施方案（2021—2025 年）》。2023 年 2 月，广东省教育厅印发《广东省普通高等学校本科教育教学审核评估实施方案（2021—2025 年）》，结合广东省高等教育实际，对"十四五"期间广东省普通高等学校本科教育教学审核评估工作作出整体部署和安排。在各地区省级审核评估方案制定的基础上，各地区高校也根据自身实际制定了校级评估方案，成立评估工作小组，对审核评估工作进行了分工，明确学校评估的时间节点及各类型工作的准备要求，在自评报告准备、技术保障、资金支持、场地改善等环节为迎评工作提供支撑。评估工作在各类政策、制度、文件、规划等的支撑下有序开展，有力推动了教育教学质量的提升。

---

① 陆根书，李珍艳，徐菲，等：普通高校本科教学工作审核评估存在的问题及其改进策略，《江苏高教》，2020 年第 11 期，第 1 页。

② 施建祥，王国银：本科高校教学工作审核评估的浙江做法与特色，《上海教育评估研究》，2017 年第 5 期，第 12 页。

三、推动迎评高校各要素参与

2019 年，教育部发布的《教育部关于加快建设高水平本科教育 全面提高人才培养能力的意见》指出，要"把本科教育放在人才培养的核心地位、教育教学的基础地位、新时代教育发展的前沿地位"，全面提高人才培养能力。本科教育教学审核评估的重点虽然集中于教育教学本身，但其关联的要素绝对不止教学，还需要同教学密切相关的各级部门的参与支持，形成教育教学体系，支撑教育教学工作的有效开展，教育教学工作是涉及全校所有部门的系统性、全局性工作。各地区在政策制定和落实过程中，一方面将教育教学的范围跳出"教学"本身，从全链条、全视域的角度，引导高校完善培养目标，强化资源协同，提升管理育人，确保学校将工作重心放到教育教学工作中，不断提升本科教育质量。另一方面，注重以学生为中心的教育教学理念转变。在审核评估指标的制定及执行过程中，逐渐推动以教师教为中心转向以学生学为中心，重点考查学生学习效果，以学习效果的评价考察学校教育教学工作状况，突出学生教育教学质量的转化。这样就从宏观、微观两个角度明确了各要素配合的重点，从宏观方面跳出传统的教学只是教师责任的认识，把教学看成一个大的密切关联的体系。从微观方面看，注重了教与学关系的进一步统筹，不仅重视教的过程，更重视学的效果，特别是关注教这一过程对学这一结果的推动作用，实现教与学的有效统一。

高校教育教学工作涉及的利益相关者范围广泛。只有将同教育教学审核评估相关的各要素利益联接起来，才能最大限度地调动各要素的积极性。除学校各部门、教师、学生外，各地区还注重社会力量的参与，如在分配进校审核评估专家的过程中，注重社会行业主体的参与，避免了只集中于高校内部专业、行业循环，扩大参与审核评估的专家范围，增加评估意见的社会价值。如浙江省在进行审核评估的过程中会提前进行高校预评估，要求评估专家对所有高校校领导、所有学院领导及各职能部门负责人进行走访座谈，了解学校针对审核评估做了哪些工作，学校对审核评估的重视程度，对学校自身在审核评估中的定位认识是否准确，政策是否恰当，评估准备工作是否有成效，帮助高校发现问题。以审核评估为契机，搭建基于政府、高校、专家、教师、学生、社会为一体的交流平台，通过评估提升校内外各界对高校教育教学的参与及重视程度，共同提升教育教学成效。

四、加强迎评高校的内涵建设

教育教学质量的提升不能只靠外部审核评估的约束，更重要的是通过内涵建设提升教育教学质量，推动教育教学成效的提升。内涵建设是教育教学审核评估的内在支撑，是高校对教育教学审核评估认识的不断深化。以往对高校的各类评估往往主要集中于教学本身，没有从宏观层面看待整个教学，对教学的认识停留在比较浅显的层面。我国现行教育教学评估政策的形成有一个循序渐进的过程，其中以研究推动实践，实现研究与实践的共同推进是重要方式。各地区在推进审核评估的过程中充分借鉴了其他国家和地区的经验，包括通过成立课题研究组等方式专门进行研究。不同课题组从评估指标建设及评估实践的推进等角度出发，吸纳受评高校评估实践一线的专家进入课题组以助力评估制度的闭环式革新，基本实现了评估研究与实践的互促共进[①]。2021年新一轮审核评估开展以来，高校对教育教学的体系架构认知发生了新变化。各地区开始从教育教学的内涵建设方面加以改进。在评估指标中，重点就培养什么样的人、怎样培养人等一系列问题展开讨论，从教育系统内部及高校建设本身寻找答案。高校更加注重日常审核评估支撑体系的建设，统筹第一课堂、第二课堂，统筹线上教学与线下教学，充分发挥审核评估对教育教学的推动作用。

以往部分高校对审核评估的认识存在误区，认为审核评估就是以行政为主导的工作检查，将审核评估的各项指标当作最高完成标准。但是，审核评估指标中规定的内容应该是教育教学的底线与基本要求，是所有高校都应该达到的指标，而不应该是高校的"天花板"。各地区坚持"以本为本""四个回

---

① 杨延，陈栋：中国本科教学评估制度：历程、经验与前景，新疆师范大学学报（哲学社会科学版），2020 年第 5 期，第 99 页。

归"，高等教育建设开始更多地回归到本科教育本身，从人才培养质量上寻求内涵建设与发展。根据教育教学评价指标，强化信息化系统建设，推动教育方式、教育手段等的融合，探索通过教学质量动态监测，尝试发现学校、教师、学生在教育教学过程中存在的问题，充分利用大数据、人工智能等外在技术支持推动教育教学评估，助力高校建立更加健全的教育质量评估保障体系。如浙江省在审核评估过程中注重加强对高校教师、学生等的访谈，通过网络问卷及实际调研等方式推进，重点了解学校教师对审核评估的了解、准备情况，了解在校学生对学校教育教学工作的满意度，并针对毕业生及就业单位，对学校的教育教学质量进行评价。北京市在新一轮教育教学审核评估工作中重点突出教育教学关键点，着重解决教育教学中人才培养和社会需求的脱节状况，注重从内涵建设方面进行提升，在指标设置中专门考察专业设置与经济社会发展适应状况，考察近三年专业招生人数动态变化，引导高校提高课堂教学质量，在指标设置中专门新增"开出任选课和课程总数比例""小班授课比例"等审核重点可选项[①]。强调学校严抓内涵建设，提高培养质量，在一定程度上推动了高校教育教学从外在硬件支撑向内在质量提升转变。

五、形成差异运行的参评特色

审核评估不仅关注办学条件，更重要的是评价高校在满足基本条件的基础上，学校教育教学效果的改进状况，尤其是关注学生的获得感。各地区围绕学生获得感进行了相应探索，形成了各具特色的建设思路。例如，陕西省建立三大机制，落实学生中心、产出导向、持续改进三大理念，在开展审核评估时，以学生学习与发展为导向，构建了"输入（Presage）—过程（Process）—产出（Product）"的教学过程 3P 模型。基于 3P 模型，设计了 23 项学生学习与发展

---

① 张晓玲，全志，蒋婧，等：扎实推进新一轮本科教育教学审核评估 努力开创首都高等教育评价改革新局面，《北京联合大学学报》，2024 年第 3 期，第 4 页。

的指标[1]，具体关注学校教学投入状况，包括教学目标的设置、教育目标的实现状况、学生自主性的提升等；关注学生学习投入状况，包括师生互动、学习满意度、学习效果、教学质量满意度等；关注就业状况，包括就业率、就业质量满意度、用人单位评价等。在教育部统一评估要求的基础上构建具有陕西特色的教育教学评价指标。

新一轮审核评估强调分类评估，解决了长期影响评估效果的重要因素。如2022 年重庆市教育委员会根据教育部评估方案制定了《重庆市普通高等学校本科教育教学审核评估实施方案（2021—2025 年）》，明确了从 2022—2025 年各高校参与审核评估的时间，并且优先选择西南政法大学和重庆科技学院作为试点，之后分年度推进其他本科高校参与审核评估。一般来说，评估方式的选择主要分为两类：一类是根据参评高校种类进行划分，将高校按照所处行业、种类的差别划分为不同层次，高校在参与评估时进行自主选择；另一类是根据评估内容选择评估方式，根据审核评估的关注重点选择如何进行评估。新一轮审核评估在评估指标中增加了自选项目，各高校可根据自身特色优势及工作亮点进行自主展示。重庆地区高校在审核评估的自评环节中强调了各参评高校特色的展示，将评估高校自选项目、特色项目作为参评高校教育教学效果的重要组成部分。在关注审核评估过程的同时，各地区还关注审核评估结果及其应用。新一轮审核评估在评估方案中明确了审核评估结果的奖惩方案。对存在严重问题的高校将通过约谈负责人、缩减招生规模、限制新增专业等方式进行问责；对于本科教育教学典型案例将进行经验推广和示范展示。各地区也高度关注审核评估情况，根据地区及高校实际推进特色化建设，对各高校在预评估及评估过程中呈现的问题进行解决，针对审核评估状况关注高校建设行为，并重点就评估中存在的办学定位不切实际、人才培养定位模糊、教学改革力度不足、专业结构设置不合理等现象提出整改要求。

---

[1] 陆根书，李珍艳，徐菲，等：普通高校本科教学工作审核评估存在的问题及其改进策略，《江苏高教》，2020 年第 11 期，第 4 页。

第二节　国内部分地区本科教育教学审核评估的基本经验

　　各地区在组织、参与审核评估的过程中，从评估的整体体系、架构出发进行不断探索，获得了一定经验。这些经验既具有共性，又体现出地方教育教学建设的特性。具体来看，推动教育教学审核评估的有效开展，需要正确认识评估工作的导向性，以整体导向引领评估工作；要重视教育教学审核评估的日常数据收集、整理，在评估过程中强化日常监督，避免评估工作启动后再进行临时数据补充；需要处理好审核评估不同要素之间的关系，强化协同管控；要强化不同类型评估之间的有效衔接，实现已有评估对审核评估的支撑作用；要重视审核评估的持续整改工作，通过不断修正完善，提升教育教学质量。

一、正确认识评估工作的导向性

　　从我国 40 年的高等教育评估历程来看，评估标准一直处于变化之中，标准的设定很难尽善尽美。一个好的评估标准应该是在满足基本要求的同时，能够尽最大可能发挥高校的主动性、积极性，提升高校教育教学水平，使复杂的评估指标简单化，避免出现指标越来越细化，管得越来越窄，高校自由发挥空间越来越小的弊端。避免过多地以行政因素人为影响教育教学走向，而应是在坚持立德树人大方向的基础上，给高校尽可能多的自由探索空间。

　　要重视本科教育教学审核评估的制度化建设，通过制度规范为审核评估提供基本指引，更重要的是在制度牵引下指导教育教学工作开展。要重视教育制度、政策的连贯性，保证在政策落实过程中能够有序推进高校建设，完善教育教学评估社会支持系统，在政策层面转变质量评价模式，推进教育教学评估转型。北京市在新一轮教育教学审核评估工作中突出强调对各校参评类别的引导，在教育部第二类审核三种分类的基础上新增了"高水平特色型大学"这一类别，充分发挥评估的指引作用，在指标中增加如何加强高校特色建设的考核内容。突出北京作为首都功能定位应具备的独特需求，引导高水平研究型大学建设注重教育与科研的融合，着力培养高水平科技型人才；高水平特色型大学注重面向自身特色定位，进行优势学科、专业建设；高水平应用型大学注重立足北京建设发展实际，突出产教融合与地方发展需求的契合度。在北京本科教育教学审核评估方案的指引下，北京地区高校建设评估种类更加细化，考核评估指标更加明确，为北京地区高校教育教学水平的提升提供了重要支撑。其他地区在新一轮本科教育教学审核评估的过程中也应注重评估导向的引导，按照评估方案，以坚持贯彻落实国家政策、服务地方经济社会发展与引导高校自身可持续发展三个向度，大力推动教育教学改革，将学校的建设类型、发展方向、发展目标同评估深度融合，有效推动本科教育教学的国际化、系统化、专业化、体系化。

二、重视教育教学工作日常监管

新一轮审核评估将上一轮审核评估整改情况作为受理审核的重要门槛。高校应在对上一轮审核评估问题充分整改的基础上推进教育教学建设。新一轮审核评估重视常态数据的挖掘整理，通过自评报告、过程性报告、结果性报告等的总结多维度评判高校教育教学效果。这就要求高校在日常工作中强化基础性数据的整理。北京市重视高校常态化数据整理，强调高校应加强教育教学数据整理，既注重纵向比较，又注重横向对比，及时发现自身教育教学中的优势与不足，体现评估对教育教学的推动作用。陕西省在审核评估过程中注重高校本科教育教学的常态化数据监测。构建省校二级本科教学质量常态化监测评估机制，为审核评估提供信息化服务。自主研发了陕西高校审核评估信息系统，常态化采集高校本科教学基本状态数据，以及基于陕西省新增的创新创业教育等审核评估要素设计的18张数据表和96个数据项，汇聚了全省54所本科院校近5年的教学基本状态数据；依托对陕西高校每年约35万毕业生跟踪调查，采集了23个学生学习与发展指标数据项，积累了多年学生课程学习经历、学习投入、能力发展和就业质量数据，以及学校人才培养方案等非结构化数据[1]，为新一轮审核评估提供了大量数据支撑。常态化数据监控，有助于快速发现高校建设运行过程中存在的各种问题与不足，及时对学校教育教学数据及教学状态进行预警，降低风险的危害程度，提升教育教学能力和水平。

新一轮审核评估更加注重教育教学质量的提升。在日常监管过程中，需要根据教育教学实际建立本科教育质量保障体系。要明确高校定位，探索将审核评估纳入高校教育教学规划。福建省部分高校在进行审核评估准备阶段，主动将评估工作关联的各种关键数据和指标同学校五年发展规划及专项规划相衔接，通过审核评估进一步明确学校五年规划目标，将审核评估指标分等级、分层次进行细化，在评估过程中高标准制定高校发展模式，找准自身位置，结合自身实际制定符合地方和自身发展实际的策略。福建省要求高校在日常相关数据采集时，高度重视、审慎把握数据填报内涵要求、关联关系，确保数据准确、真实、有效[2]。通过日常一手数据能更好地了解学校教育教学现状，为高校发现问题、分析问题、解决问题，形成教育教学审核评估自评报告，接受专家线上线下评估等提供支撑。

三、处理好评估与其他工作的关系

本科教育教学审核评估要适应高校教育规律及教育教学基本特征。特别是注重在教育教学过程中处理好各种关联主体的协同。注重实践教学，在教育教学过程中，重视产教融合，完善产学研用一体化协同育人机制。当前，我国高校群体中应用型高校占比较大，这部分高校的教育教学重心是培养适合经济社会发展的应用型人才。这就要求不能单纯地以理论知识传授为主，而是要在教育教学过程中重视实践教学，推动高校同行业、产业、企业的深度融合，使高校教育教学适合企业需求，企业最新的知识、技术能够在高校进行传播，推动校企合作广泛提升育人质量，提升学生核心素质与实践动手能力。从部分

---

[1] 陆根书，李珍艳，徐菲，等：普通高校本科教学工作审核评估存在的问题及其改进策略，《江苏高教》，2020 年第 11 期，第 5 页。

[2] 史柳萍，杨发福：地方省属重点本科高校新一轮审核评估的实践探索——基于福建师范大学审核评估工作的思考，《教育评论》，2024 年第 3 期，第 78 页。

高校的实践经验来看，可以通过与企业的双向合作来推动教学科研效果的提升。如重庆邮电大学根据自身行业特色与专业优势，成立了高等科学研究院、先进技术研究院、前沿交叉研究院、产业技术研究院等研究机构，加强同相关企业和高校的合作，围绕探测与识别技术、人工智能技术、网络空间与信息安全技术、移动通信技术、仿真与软件技术、先进材料与前沿技术等领域，产出一批推动产业进步和发展的重大社会服务项目。在同企业、高校的合作过程中，有效将不同部门、群体联接起来，推动了教育教学质量的有效提升。

　　高校在进行教育教学审核评估的过程中要积极主动地处理好各类关系，从宏观上整体认识、规划审核评估。高校应在专家进校评估之前基于学校实际建立评估平台及体系，强化自我评估。基于自我评估，根据人才培养总目标对教学条件、教学过程、教学效果等方面进行自我检讨、自我调整、自我改进，实现对学校潜力和效能的自我分析，对学校教育教学整体情况进行价值判断和认识[①]。根据教育部和地方评估要求，结合学校实际制定评估方案，在全校范围内进行宣传动员，对审核评估的基本要求，高校、二级学院、职能部门、教师、学生应该具备的素质能力，以及审核评估的基本注意事项进行讲解，让全校师生了解审核评估的重要性，使高校各项工作成为支撑审核评估的基本要素。要以审核评估工作为契机，其他各项工作为支撑，既处理好中心工作，又有序推动各项工作开展，实现教学、科研、育人、社会服务等的共同进步。

四、发挥已有各类评估的支撑作用

　　当前针对高校的学科评估、专业认证等是社会认可度较高的评估评价方式，同高校教育教学审核评估的很多内容指标具有一定的相似性和相关性。学科是学校人才培养的基石，要以学科为龙头，充分发挥学科在学校专业、教学建设中的关键作用，以学科统领学校的教学、科研，实现学校教育教学方向的聚焦。要根据本科教育教学审核评估指标要求，不断优化学校学科建设方向，

---

① 李诺，黄虹，刘思静：浅析地方高校自我评估存在问题与对策——以嘉应学院为例，《嘉应学院学报（哲学社会科学）》，2024年第1期，第80页。

积极培育优势学科，重点打造一批符合经济社会发展要求、符合学校特色的优势学科，加强学科之间的融合，形成特色学科群和交叉学科建设。以学科建设为指导，推动专业调整。要根据学校发展实际，建设专业动态调整机制，在兼顾学校发展和社会需求的基础上，布局长线、短线专业，实现专业同学科、产业、社会需求的融合，既满足招生就业需求，又更好地推动高校教学科研的持续进步。大数据、人工智能等新技术的发展，要求高校学科、专业建设调整要适合经济社会发展，不断更新教育教学逻辑。例如，北京联合大学在教学探索中就逐步形成了"学科支撑、应用导向"的理念，通过学科建设盘活、整合、优化、共享资源，为培养高素质应用型人才构建"宽视野、厚基础、强应用、重融通"的课程体系，形成基石课程→础石课程→柱石课程→顶石课程的进阶式学习流程[1]。根据学生课程学习的重要性，将课程分为不同类别，实现由低到高的层级递进，实现知识、能力、体系的逐级提升。

高校专业认证通过情况是衡量高校教育教学水平的重要指标。新一轮审核评估特别强调，通过教育部认证（评估）并在有效期内的专业（课程），免于评估考察。这就对已通过专业认证的专业提供了更多发展空间，避免频繁地参与各种评估，增加学校教育教学负担，同时也为其他专业参与专业认证提供了动力，有助于推动教育部专业认证工作的开展。自从教育部 2018 年颁布《普通高等学校本科专业类教学质量国家标准》以来，保合格、上水平、追卓越的三级专业认证开始成为我国未来本科教学评估工作的中心和制度建设的重心。规范化、制度化和国际实质等效的工程教育专业认证理念开始拓展到其他专业领域[2]。高校以工程认证三级评价标准为依据，可以有效统筹国家要求、社会关注和学校专业建设现实，有助于更好地调节资源配置，将不同层级的要求结合起来，在满足专业认证标准的同时有效满足本科教育教学评估要求。高校在实现专业评估、专业认证等基本要求的同时，将本科教育教学评估衔接起

---

① 林妍梅：以新一轮审核评估推动应用型高校高质量发展的策略研究，《北京联合大学学报》，2024 年第 4 期，第 10 页。

② 陈栋：本科教学评估的"中国方案"：脉络、问题与走向，《湖南师范大学教育科学学报》，2020 年第 5 期，第 113 页。

来，可以实现高等教育的统筹发展，避免每次都参考不同的指标进行建设，可以在最大限度上降低高校迎接评估的各种负担与障碍，集中精力进行学科、专业建设，提升教育教学质量。如浙江省在推动本科教育教学审核评估中就坚持同专业评估相结合，早在上一轮评估中就要求各高校在开展本科评估前对高校专业进行一轮评估，以发现问题，对专业评估过程中存在严重问题的专业进行黄牌警告，要求限期整改。在一定程度上增加了高校专业建设的紧迫感，避免了本科教育教学审核评估时的盲目被动。

五、重视审核评估后的持续整改

审核评估整改是影响审核工作持续性，体现审核工作效果及影响力的重要方面。专家进校评估不是结束，只是学校持续改进的开始。专家组进行评估之后的整改提高是学校持续改进、提升本科教育质量的重要一环[①]。历次审核评估虽然将评估结果同高校资源分配、招生状况、学科建设、专业建设、资金获取等方面关联，但在实施过程中仍存在一定问题。各地积极探索如何将审核评估整改同教育教学质量提升有效结合起来。为扎实推进学校整改落实和持续改进，陕西在实施审核评估时，设计并组织实施了"整改方案审查—整改中期检查—一年回访检查"的三环节整改措施，全力督促各学校整改提高，促进陕西高校本科教学内涵发展[②]，并将审核评估后的流程做了进一步分解，通过持续改进，贯彻落实评估报告提出的各种问题，强调将高校审核评估工作看成一个连贯的整体，不仅要重视审核评估整改方案的建设，更重要的是如何持续快速地进行改进，解决审核评估中提出的各种问题，体现审核评估的目的和价值。浙江省在进行审核评估的预评估过程中，重视评估问题的反馈，要求评估专家必须对评估高校提出问题，问题应切中要害，评估结束后为每所高校出具

---

① 陆根书，贾小娟，李珍艳，等：改革开放40年来中国本科教学评估的发展历程与基本特征，《西安交通大学学报（社会科学版）》，2018年第6期，第28页。

② 陆根书，李珍艳，徐菲，贾小娟，牛梦虎：普通高校本科教学工作审核评估存在的问题及其改进策略，《江苏高教》，2020年第11期，第6页。

一份评估报告，要求高校对评估过程中存在的问题进行反馈，并在收到评估报告后两个月内提供整改方案，一年内评估整改进展情况，省教育厅随时对各高校的审核整改状况进行监督。这就避免了评估报告中存在的"走过场"现象，为切实改进存在的问题，真正提升教育教学质量提供了重要保障。

北京市在新一轮审核评估方案中强调审核评估结果应用的连续性，将上一轮审核评估中发现的共性问题纳入本轮审核评估指标之中，特别是强调以往审核评估中一直没有得到很好解决的教授为本科生上课的问题，强调通过机制引导教授为本科生授课。北京市重视本轮审核评估结果反映出的问题，将审核评估结果和督导复查结果作为高校分类评价、一流本科专业建设、专业建设经费投入、学位点申报等教育资源配置的重要参考依据[①]，并对入选教育部示范案例的高校进行奖励。督促高校更加重视本科教育教学审核评估工作，重视根据评估意见推动审核评估整改，将评估的准备、建设、整改等环节衔接成有机整体。

---

① 张晓玲，全志，蒋婧，杨旸：扎实推进新一轮本科教育教学审核评估 努力开创首都高等教育评价改革新局面，《北京联合大学学报》，2024 年第 3 期，第 4 页。

第九章

高校本科教育教学审核评估的评建策略

　　新一轮审核评估充分继承了上一轮审核评估用"自己尺子量自己""五个度"等高等教育领域普遍认可的经验做法，综合评判教育教学过程中存在的问题。高校在教育教学审核评估中理念的转变、高校分类建设的改进与适应、高校教育教学审核评估价值理念的融合、高校教育教学审核评估手段的创新等都对教育教学评估的改进提出了新挑战与要求。高校应该在积极适应经济社会发展需求及教育教学评估指标变化的基础上进行统筹规划，重点在信息化数据的应用和发掘，线上线下评估的协同推进，审核评估与专业认证界限的处理，审核评估标准与价值的融合等方面不断改进，以综合性、整体性思维认识教育教学审核评估，将审核评估的指标建设任务落实到日常，通过审核评估要求做好评建准备、评建整改、评建反思等环节，系统性推动教育教学改革的全面开展。

第一节　合理用好常态化数据资源促建功能

　　信息技术与教育教学的结合是高等教育发展的一大趋势。以 ChatGPT 为代表的生成性大模型通过大数据、大算力、强算法的机器学习能够快速生成高精度、高密度的学习成果，促使信息技术与教育教学的融合已经从影响教学方法、手段等形式变化的增强性赋能，发展到引发教学目标、教学内容等内涵变化的颠覆性革命[①]，要通过信息技术持续完善教育教学审核评估指标体系，持

---

　　① 林妍梅：以新一轮审核评估推动应用型高校高质量发展的策略研究，《北京联合大学学报》，2024 年第 4 期，第 7 页。

续提升信息化建设能力，同时以信息化为牵引，做好教育教学信息化日常质量监督管控，通过制度化、体系化提升教育教学效能。

一、以数据化完善审核评估的指标体系

新一轮审核评估对教育教学数字化提出更高要求，信息化逐渐由之前的辅助角色转变为重要支撑。高校应该注重信息化在推动教育教学变革中的作用，主动转变教育理念，坚持信息化、数字化导向，通过建设教育教学信息化平台等方式，不断提升教育教学能力和水平。

一是充分发挥信息技术在教育教学审核评估中的支撑作用。信息技术在教育教学审核评估中的应用主要体现在两方面，一方面是教育管理部门在审核评估系统中对信息技术的运用，另一方面是接受评估的高校在教育教学审核评估中对信息技术的运用。从以往两轮范围较大的评估过程来看，信息技术在评估中的应用不断深入。在第一轮本科教学工作水平评估中，信息技术主要发挥辅助作用，主要用于评估材料的提交等方面，包括评估工作汇报及教育教学成效展示等环节，教育管理部门及高校对信息技术使用的主动性、积极性，以及教育教学建设的信息化意识都相对不强。从上一轮审核评估开始，教育管理部门及高校的信息化利用水平开始提升，全国普通高校教学状态数据库已经建成并投入使用，高校在参与审核评估的过程中需要按照系统要求填报各种资料，提交自评报告。审核评估专家在进校考察之前可以通过网络系统提前了解学校的教学建设情况，方便提升进校考察的针对性。各种信息化技术的运用，方便各高校更有针对性地进行评估建设，安排评估事宜，为各高校更好地推动教育教学评估提供了更多技术支持。新一轮审核评估在前两轮评估的基础上，提升了信息化技术在审核评估中的应用，既考察高校通过信息化技术推动教育教学质量提升的成效，又通过信息化手段增加信息技术在教育教学评估中的运用。如新一轮审核评估特别强调要进行线上评估和线下评估，且在评估过程中提升了线上评估的比重与重要性，不仅各类关键数据需要在审核评估系统中填报，各类评估材料及评估报告的提交也需要依靠线上系统，线上系统成为高校教育教学审核评估的重要支撑。高校在进行教育教学审核评估的

过程中要注重充分利用各种信息技术，实现系统数据填报与实际情况的协同，保证所填报数据真实有效，提升评估工作的开放性、透明性。同时，通过网上评估系统还能减轻高校在准备材料方面的负担。

二是以信息技术强化教育教学质量提升的数据导向。新一轮审核评估方案强调，综合运用互联网、大数据、人工智能等现代信息技术手段，深度挖掘常态监测数据，采取线上与入校结合、定性与定量结合、明察与暗访结合等方式，切实减轻高校负担，提高工作实效。这就对教育教学评估的数字化提出更高要求，要求高校将数字化、信息化作为工作的重要组成部分。本科教学基本状态数据采集工作已经开展十余年，对我国高等教育现代化，特别是如何将数据网络化、电子化提供了更多支持。新一轮审核评估在指标设置上更加细化，涵盖了高校教育教学的全过程。在第一类审核评估中，在质量保障能力方面设置了质保理念、质量标准、质保机制、质量文化、质保效果等 5 个二级指标；在卓越教学方面，设置了推动"以学为中心、以教为主导"的课堂教学改革，推进信息技术与教学过程融合，加强线上教学资源建设，提高课程高阶性、创新性和挑战度的举措与实施成效。在第二类审核评估中，在课堂教学指标中重点关注推进信息技术与教学过程融合、加强信息化教学环境与资源建设情况；在资源建设指标中重点关注适应"互联网+"课程教学需要的智慧教室、智能实验室等教学设施和条件建设及使用效果。新一轮审核评估不仅关注教育教学评估的信息化硬件建设，还关注软件方面的建设。这就要求，在教育教学审核评估过程中关注现有教育教学中是否充分利用信息化技术推动教育教学，是否强化信息化环境建设，是否按照要求建设各种智慧资源、智慧教学，满足教育教学建设的智能化条件。作为参评院校必须树立数据导向意识，将数据视作引导工作的航标，自觉按照量化审核指标要求，在工作中注意平时积累，经常用数据给学校自身做"体检"，力争为全校师生员工、为审核评估专家交一份漂亮的成绩单[①]。通过以往评估问题整改和日常教育教学信息化建设，不断完善教育教学信息化资源。

三是建立数字化教育教学平台。教育教学数字化建设涉及教学、管理、宣

---

① 韩伏彬，董建梅：新主题 新特点 新变化——教育部《普通高等学校本科教育教学审核评估实施方案（2021—2025 年)》，《红河学院学报》，2022 年第 3 期，第 142 页。

传、后勤等各环节，需要一个统一架构将各部分衔接起来，实现教育教学统筹。教育部及各地教育教学评估机构通过建设统一评估平台的方式进行数据统计、上传、展示，各高校也应该根据自身情况建设自身的教育教学平台。一方面，这是教育教学评估工作的需要。高校需要将评估相关数据进行整理、汇总、上传，满足评估专家对资料查看、核实等的需要。另一方面，也是高校日常教育管理建设的需要。现有高校教学管理已经不可能离开数字化，各类信息的发布基本都是通过网络进行，但网络化不完全等同于信息化，信息化是在基本网络信息传播的基础上进行的系统架构的再提炼、再整合。要在高校现有系统的基础上，联合网络管理部门设立统一的信息化平台，把日常教学数据、通知、考核、宣传、奖惩等涉及学生的因素整合到一起，同时在系统中进行身份设置和定位，对专任教师、学生、管理人员进行角色定位，分门别类地进行数字化、信息化建设，提升学校范围内的信息互联互通水平。各省区市要探讨建立各高校间连贯一体的评估评价体系，将国家、地区、高校的评估系统链接到一起，实现信息共享，提升信息利用效率及信息公开度、透明度。

二、构建常态化教育教学质量监控机制

中共中央办公厅、国务院办公厅印发的《关于深化新时代教育督导体制机制改革的意见》强调，"加快构建教育督导信息化平台。整合构建全国统一、分级使用、开放共享的教育督导信息化管理平台，逐步形成由现代信息技术和大数据支撑的智能化督导体系，提高教育督导的信息化、科学化水平"。教育教学的信息化建设需要在日常工作中加以重视并坚持，既要注重体系机制建设，更重要的是落实好日常教育教学评估数据库建设，推动教育教学改革的深化。

一是注重发挥教育教学质量体系建设的支撑作用。质量保障审核评估是本轮评估方案的第一大亮点。它是一种新的评估形式，既不同于上一轮审核评估，也不同于本轮审核评估的主体部分，是在上一轮审核评估的基础上，针对特定对象高校所设计的一种新的重点突出的评估。质量保障审核评估的范围及重点是高校本科教育教学质量保障能力及综合改革举措与成效，包括定性

审核和定量审核两部分^①。定性审核主要集中于影响本科教育教学评价的非定性因素，这些因素相对较为宏观；定量审核则更多集中于影响本科教育教学评价的核心关键因素。高校在参与审核评估的过程中具有一定的机动性，在选择基础必选选项外，可以根据自身特色从给定指标中选择自身优势部分进行展示。教育教学质量保障体系从宏观层面指引整个学校教育教学质量的提升，同时也为教育教学成果展示及呈现提供了支撑。在参与审核评估及建设过程中要特别注意几个报告的撰写及教育教学成果的有效展示。自评报告是审核评估成果的最直接展现。在对照《普通高等学校本科教育教学审核评估实施方案（2021—2025年）》的基础上，强化自评自建，通过学校简介、学校自评工作开展情况、自评报告主体三个部分，对照学校自选审核评估体系，根据评估指标展开评估工作。分别按照学校评建思路、学校评建举措、学校评建效果、学校评建改进举措、学校评建改进效果等流程展开，不仅关注学校做了什么，还要关注学校存在的问题、整改举措，以及整改举措取得的实效。自评报告是评估专家了解学校教育教学情况的第一评判标准，在专家入校考察之前，对学校的教育教学效果的认知主要停留在自评报告及学校提供的各种考核评价线上资源中。自评报告的撰写尤为重要，既要保证客观准确地呈现学校教育教学成效，又要保证在报告中能较好地展示学校教育教学亮点。评估专家会通过自评报告评判学校落实国家教育政策方针的情况，评判学校自评报告中撰写的内容的真实性，在肯定成绩的前提下，发现学校教育教学过程中存在的问题及不足，并提出改进建议。除自评报告外，审核评估还涉及本科教学状态数据分析报告、教师教学体验调查报告、学生学习体验调查报告、本科毕业生跟踪调查报告、本科生就业数据分析报告、用人单位跟踪调查报告等定量分析报告。从本科教学数据、教师教学体验维度、学生学习获得感维度、毕业生持续发展状况、本科生就业状况、用人单位维度，形成了一个全流程、多维度的闭环体系，保证了从学生日常学习、教师教育、学校教育教学数据及学生毕业、用人单位评价等的多方位客观评价。本科教学状态数据分析报告按照教育教学评估统

---

① 别敦荣：新一轮普通高校本科教育教学审核评估方案的特点、特色和亮点，《中国高教研究》，2021年第3期，第12页。

一要求进行数据填报，要求学校在日常建设中按照以往评估要求加强日常建设管理，避免参与评估后盲目地为了完成数据进行拼凑，影响建设效果。教师教学体验调查报告是以教师教学体验为主要的评判指标，通过师德师风、教师教学投入、教师发展、学校资源与支持等方面，了解学校教育教学过程中师资建设状况。学生学习体验调查报告以学生发展为中心，通过学生学习投入、对教师的满意度、对学校的满意度、对教学的满意度等的调查，了解学校教育教学的学生认可度。本科毕业生跟踪调查报告是通过一个长周期对已经毕业学生对学校的整体评价来佐证学校教育教学质量的重要参考，包括学生对学校教育的满意状况，对学校培养、资源配置、培养效果、就业质量等的认可状况，是客观反映学校培养效果的重要指标之一。本科生就业数据分析报告通过对学生就业情况的分析，客观论证学校教育教学质量，包括学生就业去向、就业数量、就业质量等方面。用人单位跟踪调查报告通过用人单位的评价，对学校学生立德树人情况、学生工作态度、业务能力、综合素质、岗位适用匹配能力、学生持续发展能力等有直观了解，评判学校教育教学质量与水平。学校要从这些报告的指标要求等方面入手，做好日常建设工作，在保证基本数据达标的同时，突出本单位工作亮点，通过教育教学质量体系建设的方式，强化引导，推动教育教学质量的整体有效提升。

二是注重以评估标准规范日常教育教学数据库建设。高校本科教育教学审核评估不是在评估时才进行各类数据的整合，而要把功夫用在平时，通过常态化的数据采集，时刻把握学校教育教学的基本状况，根据数据变化不断进行调整变革，提升学校教育教学的针对性、有效性。要深入利用高校本科教学质量报告、本科教学状态数据等资源，充分利用大数据挖掘、分析技术，构建本科教学质量监测评估核心指标，实现对高校人才培养各方面工作的监测预警，以便更好地为教育管理部门、参评高校、评估专家了解、诊断本科教学质量和学生发展状态，开展分类指导、横向比较和审核评估提供数据支撑和信息化服务[①]。在日常教育教学管理中要有忧患意识，善于分析、利用上一轮审核评估

---

① 陆根书，李珍艳，徐菲，等：普通高校本科教学工作审核评估存在的问题及其改进策略，《江苏高教》，2020 年第 11 期，第 5 页。

报告中呈现的问题，同时比较、学习、借鉴其他高校的经验教训，对存在的共性问题进行统一整改，对部分学科、专业存在的个性化具体问题，则根据自身实际情况变化有针对性地进行个体改进，通过常态化的日常监管与数据管控规范日常教育教学，不断丰富学校教育教学数据库，实现教育教学不同环节的衔接。特别要注意，利用大数据技术对学生学业状况、教师教学状况中的异常预警，将问题解决在平时，实现本科教育教学质量的整体提升。

第二节　发挥线上线下评估协同共建功效

如何有效协同教育教学审核评估的不同要素是推动教育教学改革和教育效果有效提升的重要内容。传统审核评估及教育教学建设主要注重线下建设，通过专家进校考核等方式直观体现，线上线下评估的融合有助于全周期、多时空、多维度、立体化地直观体现教育教学审核评估的主要内容，将线下内容线上化，既方便审核评估专家随时查看评估材料，又有助于参评高校在线上资料整合的过程中发现自身存在的不足。通过线上线下审核评估建设有助于高校更好地提升教育教学建设质量，深度融入教育教学数字化、信息化、现代化进程。

一、充分发挥线上评估的可视化优势

新一轮审核评估特别强调线上评估，在评估方案中指出采取审阅材料、线上访谈、随机暗访等方式进行线上评估，在全面考察的基础上，提出需要入校深入考察的存疑问题，形成专家个人线上评估意见。专家组组长根据线上评估情况，确定 5～9 位入校评估专家，在 2～4 天内重点考察线上评估提出的存疑问题。综合线上评估和入校评估总体情况，制定问题清单，形成写实性审核评估报告。这就为评估提出了新要求，需要本科高校从信息化建设的角度出发，进行线上系统的建设，通过线上建设的方式探讨如何实现教育教学成果展示的可视化。

一是以线上评估方式提升本科教育教学评价的广度和深度。新一轮审核评估在上一轮审核评估经验总结的基础上增加了线上评估环节，是在教育教学评估理念上的创新。在进校考察评估之前增加线上评估环节，可以充分发挥线上评估的优势。线上评估是对教育教学评估的补充，本轮审核评估开发的线上评估使信息技术和互联网进入评估核心，评估各方将利用信息技术和互联网营造一个虚拟的评估空间，一些实质性的评估工作将在这个虚拟空间完成[①]。线上评估可以使评估专家不受时空限制，充分发挥线上灵活机动的优势，可以安排更多专家进行深入细致的考察，通过前期线上评估为后期进入学校线下评估打下良好的认知基础。在具体操作过程中，线上评估要求专家在互联网上认真审阅审核评估信息管理系统中学校提供的自评报告和支撑材料，教育部高等教育教学评估中心提供的本科教学状态数据分析报告、教师教学体验调查报告、学生学习体验调查报告，全国高等学校信息咨询与就业指导中心提供的本科毕业生跟踪调查报告、本科生就业数据分析报告、用人单位跟踪调查报告（简称"1+3+3"报告）等材料[②]。通过与学校负责人、相关职能部门、教师、用人单位、毕业生等的线上访谈、评估，结合学校提供的线上评估资料进行全面审查，如果线上提供的评估材料没有问题则进入下一环节，如果有疑问则待线下评估时再进行单独核查。

二是通过线上评估提升高校教育教学建设展示度。线上评估不仅是评估形式的创新，更是对高校本科教育教学建设提出了更高的要求。传统方式的教育教学成效展示主要依靠线下资料的整理，这种方式传播范围小，容易受时间、空间影响，在一定程度上只能通过线下面对面方式交流获取。线上资源的建设则为学校教育教学成果的传播、展示提供了更多的优势，各地专家、学者及广大受众通过互联网就可以有效获取相关信息。线上评估方式的建设需要高校投入一定的信息技术与资源，通过信息化系统建设实现线下资源的线上

---

① 别敦荣：新一轮普通高校本科教育教学审核评估方案的特点、特色和亮点，《中国高教研究》，2021年第3期，第12页。

② 张安富，徐武：新一轮本科教育教学审核评估方案的特征，《高教发展与评估》，2021年第6期，第3页。

化，如何实现线上资源的集中化、规模化、标准化建设就成了重要问题。一方面，学校需要全面把握理解线上评估的要求，积极进行线上资源建设，并投入大量的人力、物力、财力把线下资源线上化展示，如教学大纲、过程成绩、课程作业、期末成绩、考试大纲、评卷记录、课程总结、试卷卷面等都需要从线下纸质存档全部转变为线上集中展示，数据采集展示系统的建设、运营、维护需要专门的技术手段支持。另一方面，线上评估系统建设后如何持续进行系统运行又成为一项新问题。本科教育教学评估的指标、要求处在时刻变化之中，但是否能够保证教育教学线上系统的与时俱进，时刻调整变革就成为一项新考验。评价指标的变化一般要求评价系统的同步变化，但在建设过程中，评价系统往往需要重新架构，增加评价系统建设、运营、维护成本。本科教育教学审核评估建设需要考虑到系统建设的同步性问题，在发挥线上评估优势的同时，尽可能降低高校审核评估系统建设的成本，降低高校负担。

三是充分转变高校本科教育教学线上建设的思维方式。教育教学方式的转变是一项持续性工作，需要高校以正确积极的态度面对。信息技术的变革，时刻推动高校教育教学方式的变化，教育也处在不断变化之中。之前，教师是教育教学传播的主体，但在信息化技术的不断推动下，学生获取知识的途径更加多元，特别是各种网络课程资源的建设使学生通过互联网便可以较好地获取各种信息资源，这就给高校课程资源的线上建设提出了挑战。高校需要在信息化浪潮下主动适应变化、主动求变，主动由线下向线上转变。通过各种网络公开课建设，将线下资源线上化，提升课程资源的网络共享，积极学习借鉴国内外高校的课程资源建设情况，将课程资源线上展示作为适应经济社会发展变化的一种新方式，提升线上资源建设的评估水平。新一轮审核评估强调，教育部每年向社会公布完成审核评估的高校名单，并在完成评估的高校中征集本科教育教学示范案例，经教育部评估专家委员会审议后发布，做好经验推广、示范引领。这表明新一轮审核评估注重以评促建、以评促改，同时通过案例推广展示等环节，让优秀经验得到更多推广，增加各高校间交流学习的机会，提升整体教育教学质量。

二、打通线上线下协同评估衔接壁垒

教育教学审核评估线上线下的协同存在一定问题，既有体制机制之间的差距，又有制度运行的缺陷，需要从部门协同制度的完善和教育教学审核评估反馈流程的健全等方面入手加以改进，同时要特别注重提升社会各界参与教育教学建设的程度，将本科教育教学建设放到社会建设的大环境中，不断提高全社会对本科教育教学的重视程度，为教育教学成效的提升和评估效果的优化提供社会支持。

一是坚持线上与线下评估建设相结合，积极同各部门沟通协调，展示教育教学成果。新一轮审核评估坚持线上评估和线下评估相结合的方式。新一轮审核评估方案规定，采取审阅材料、线上访谈、随机暗访等方式进行线上评估，在全面考察的基础上，提出需要入校深入考察的存疑问题，形成专家个人线上评估意见。专家组组长根据线上评估情况，确定5～9位入校评估专家，在2～4天内重点考察线上评估提出的存疑问题。综合线上评估和入校评估总体情况，制定问题清单，形成写实性审核评估报告。也就是说，线上评估是线下评估的前提和基础，线下评估参与专家人数的多少、参与情况同线上评估状况密切相关。线下评估是针对线上评估中存在的问题及各种疑问的进一步检视，是对参评高校实际建设情况中的关键指标、核心要素进行进一步的核实，是对无法进行线上展示的教育教学成果进行的实地考察。通过线下入校评估方式，以现场考察、实地调研、文档查阅、听课看课、沟通交流等方式深入高校，对各环节进行进一步把关，变审核评估中的"问号"为"句号"，对审核评估状况形成全面、完善的结论。在这一过程中，高校要发挥自身的主动性、积极性。一方面，在线上评估中积极主动展示自身教育教学成果，在呈现基本指标的基础上，体现自身教育教学效果。线上能展示的要尽量展示，避免出现过多模糊不清的问题需要线下进行核实，增加线下审核评估的工作量。另一方面，要主动回应线上评估中存在的问题。在专家线下考察环节，主动对线上评估过程中存在的各种问题进行回应，主动进行沟通交流，避免因展示不到位、回应不及时造成的误解，全面、客观地展示学校教育教学成果。

二是健全教育教学问题整改检查反馈机制，推进高校持续改进。评估整改是审核评估的重要环节，但从现行情况看，大部分学校存在重视自评报告撰写，而对审核评估整改重视不足的现象。特别是审核评估整改在监督落实方面存在一定问题。新一轮审核评估方案规定，高校应在评估结论反馈 30 日内，制定并提交整改方案。评估整改坚持问题导向，找准问题原因，排查薄弱环节，提出解决举措，加强制度建设。建立整改工作台账，实行督查督办和问责制度，持续追踪整改进展，确保整改取得实效。原则上，高校需在两年内完成整改并提交整改报告。这就为高校审核评估整改制定了规范，明确要求高校在规定时间内制定整改报告，监督高校落实评估整改内容，并在规定时间内提交整改报告，根据整改报告进行督导复查。新一轮审核评估方案还指出，教育部和各省级教育行政部门以随机抽查的方式，对高校整改情况进行督导复查。对于评估整改落实不力、关键办学指标评估后下滑的高校，将采取约谈高校负责人、缩减招生计划、限制新增本科专业备案和公开曝光等问责措施。新一轮审核评估不仅对审核评估整改进行了规范，还规定了审核评估整改不力的惩罚措施，并通过缩减招生计划、限制新增专业等方式将评估整改工作同学校未来发展挂钩，增加了评估效果的威慑力。为此，有必要从评估专家、参评高校、评估机构等不同维度规范评估整改，实现线上评估初评效果、线下评估过程评估和评估整改终评之间的有效衔接。在线下评估完成后，评估专家要尽快形成结论，形成审核评估报告，明确高校存在的问题，制定问题清单，指导高校进行教育教学改革。参评高校要根据评估专家提出的问题，厘清思路，尽快制定评估整改方案，分解整改问题清单，完善制度保障，通过各种方式扎实推进整改。评估机构要从教育管理者的角度出发，宏观统筹监督高校进行整改，审核高校整改方案，监督高校整改落实情况，对整改情况进行定期监督，通过中期整改、定期回访等方式，掌握高校整改进度，邀请专家进行实时评价，并将审核整改情况作为高校教育教学成效评价的重要指标，作为对高校资源分配、绩效评价的重要参考。

三是充分提高社会参与本科教育教学审核评估的力度，积极回应社会关切。一直以来，本科教育教学审核评估专家以高校专家为主，新一轮审核评估明确规定，评估专家统一从全国审核评估专家库中产生，人数为 15～21 人。原则上，外省（区、市）专家人数不少于评估专家组人数的三分之二、专家组组长由外省（区、市）专家担任。在评估中强调外省（区、市）专家人数比例，有助于更好地通过其他地区角度审视本地区教育教学评价中存在的不足。另外，在各类走访中强调增加企业专家的比例，也可以较好地避免审核评估中实践认知的不足。在评估中还强调对用人单位等的考察，也在一定程度上加大了社会评价的比重。高等教育的导向需要同社会需求直接挂钩，特别是要同经济社会发展、科技变革等密切关联，实现经济、社会、文化等的有效融合。高校在日常教育教学和学科建设中要密切关注社会关切，及时吸收、借鉴、引进社会管理经验，让高校本科教育教学评估的元素更加多元，立足高校，走出高校，最后回归高校。实现校内理论、校外实践、线上理论、线下实践等的密切衔接。

第三节　打破审核评估与各类评估的界限

新一轮审核评估在全面开展前，在部分院校进行了试点。从 2021 年 5 月开始，在清华大学、上海交通大学、安徽大学、辽宁石油化工大学、常熟理工学院、衢州学院分别进行两类四种评估指标体系的试点审核评估，为全面推广评估方案和指标提供经验借鉴。除本科教育教学审核评估外，社会上还有各种民间非政府组织、机构开展的各种类型的评估。高校需要正确认识并看待这些评估，积极参考借鉴不同评估的结果，重视各类评估反映的学校学科、专业建设存在的问题，共同推动学校教育教学质量的提升。

一、发挥专业认证助推评估的先导作用

专业认证是衡量一所学校专业建设效果的重要评估方式。要在审核评估过程中重视已有专业认证等的评估结果，尤其重视部分评估结果对整体评估的先导作用，由点及面地进行整体教育教学建设改革。

一是重视专业认证等日常教育教学质量提升。新一轮审核评估方案明确规定，通过教育部认证（评估）并在有效期内的专业（课程），免于评估考察，

切实减轻高校负担。这就明确了专业认证和审核评估之间的关系，既提升了专业认证的认可度，又有助于减轻学校参与审核评估的负担，避免同一部门针对同一事项的反复审核评估，在一定程度上有助于提升高校参与本科教育教学审核评估的主动性、积极性，有助于高等教育健康有序发展。要处理好教育部专业认证同审核评估之间的关系。审核评估是一个系统化、体系化的工作，是对全校所有专业进行的审核评估，而部分专业在之前已经进行过专业认证，这部分专业已经有了较为明确的审核评价结果。处理好专业认证和审核评估的关系就要处理好局部和整体之间的关系，既认识到专业认证是审核评估中专业的一部分，又认识到审核评估统领专业认证的持续有效运行。要明确认识到专业是人才培养的基本单元，学校是专业的集合体，专业建设与学校人才培养、学校审核评估也是局部与整体的关系。通过认证促进专业办学水平的持续提高，进而推动学校人才培养质量的整体提高[1]。通过审核评估可以进一步发现专业建设中存在的各种问题，通过持续改进，为下一轮专业认证复核做好准备。同时，要明确专业认证和审核评估之间的衔接关系。二者都坚持"学生中心、产出导向、持续改进"，都突出强调"强化内部质量保障体系建设"，通过"以评促建、以评促改、以评促管、以评促强"，达到"五个度"的要求；二者都突出"聚焦质量文化建设"，通过从外部评估转向内部质保，从制度约束转向行为自觉，从监测控制转向自查自纠[2]。这就为更好地发挥专业认证在推动本科教育教学审核中的作用奠定了重要基础。在一定程度上，推动专业认证通过就是推动本科教育教学审核评估，专业认证通过情况越好，高校教育教学审核评估的压力就越小，高校在进行不同专业的认证过程中有效地提升了学校教育教学质量的整体水平。专业认证对统筹调动全校资源、各部门协同、不同专业之间的互相支撑等都提出了较高要求，这就要求学校统筹兼顾好专业认证和审核评估之间的关系，持续提升教育教学质量，以专业认证助推审核评估，以审核评估促进专业认证更好地持续优化。

---

① 施红星：新一轮本科教育教学审核评估实施方案的特征和实施策略，《楚雄师范学院学报》，2023 年第 2 期，第 161 页。

② 同上。

　　二是重视分类评估，以"一校一案"构建自身教育教学特色。评估方案是评估的重要导向，新一轮审核评估在上一轮评估的基础上进一步深化"五个度"总原则，创新性地提出通过强化高校分类的方式推进高校教育教学审核评估。新一轮审核评估方案将全部参评本科高校划分为两类，并为两类高校分别编制了评估指标体系：一类是质量保障能力评估指标体系，另一类是包含"三种套餐"的审核评估指标体系。实际上，"三种套餐"是针对三种类型高校编制的。所以，整体上就是"两类四种"评估方案①。第一类套餐主要适用于"双一流"建设大学，这类高校整体办学实力较强，代表国家教育教学改革的方向，其审核评估重点集中于本科教育教学改革的保障及支撑能力。第二类又分为学术型、应用型及第一次参加审核评估的高校三个小类。这三种小类，每种高校的定位与评估观测重点又各不相同，高校在接受评估的过程中具有自主选择类型的权利，重点是推动教育教学工作的全面有效开展，评估过程中重在发现问题，进行改进提升。新一轮审核评估是参评高校根据国家政策导向，重新梳理自身办学定位，推动教育教学向纵深改革的重要机遇。在本轮评估之前，不同高校在自身章程中都对学校有所定位，有的定位为教学型、有的定位为科研型、有的定位为教学科研型，新一轮审核评估方案有助于高校根据指标要求重新树立自身办学优势，通过自身已有成果梳理归类，在一定程度上为高校发展提出了更多要求，高校需要根据定位的变化进一步梳理自身建设目标，提升自身建设的有效性，真正实现高校建设的"一校一案"。高等教育已经进入分类发展的新阶段，不同类型高校之间办学定位存在较大差距，很难用同一标准评判所有高校，这就为高校差异化发展及本科教育教学评价的多样化提出了更多要求。新一轮审核评估通过"两类四种"方案的建设为高校参与评估提供了更多自主权。高校不仅可以自由选择参评类型，在参评指标的设置上也充分考虑了高校的自主性，设置了很多高校自选指标，保证高校在满足基本要求的前提下有更多自主建设发展的权利，在一定程度上增加了高校办学的自由探索空间，有助于更好地发挥评估的正面导向作用，引导学校进行分类建设，提

---

　　① 别敦荣：新一轮普通高校本科教育教学审核评估方案的特点、特色和亮点，《中国高教研究》，2021年第 3 期，10 页。

升教育教学能力与水平。

三是构筑基于自主与责任的教育教学文化。不管是专业认证还是其他类型的认证、评估，构建高效有序、认可度高的教育教学文化是重要保障。教育教学文化的建设需要各类因素共同发力，同时也需要教育教学文化背景的构建。教师是教育教学质量提升的关键因素，高校教育环境、教学方式手段的变革、教育信息技术的供给最终都要落实到高校教师的教学实践中。但在实际情况中，高校教育教学更突出学生的中心地位，而教师在教育教学过程中的重要性未被提升到应有高度。高校教学的本质是知识活动，师生双方在自由探索中创造新知，并在探索和体验知识真善美的过程中实现"由科学而达致修养"。自由与创造既是知识活动的基本属性，也是其重要条件。而自由的前提是自主，所以高校应保障师生在教学过程中拥有足够的自主空间，为其共同的自由探索创设条件①。高校应该尊重并重视教师在教育教学活动中的自主性，给教师教育教学活动更多自主空间，支持教师在统一教育教学评价指标基础上自由探索，构建自由平等的师生交流机制，发挥学评教、教评学等双向评价机制作用，让机制的作用活起来，而不是仅仅依靠机制管理人、约束人。通过教师自主意识的提升，增强教师对教育教学的尊重感、获得感；通过构建基于自主与责任的教育教学质量文化，提升教育教学质量与水平。本科教育教学审核评估不仅关系学校的宏观架构，更涉及不同学科、专业，而各系部、教研室正是支撑起这些学科、专业的基层组织。一般来说，教师在教学方面相对具有独立性，虽然是同一门课程，但不同教师的教学风格、教学方式也会存在较大差别，如何确保教学质量的统一就成为一个重要问题。当前，部分专业、学科通过集中备课、公用课件、开展示范公开课、建设优质课程等方式缩小课程建设差距，但课程教学效果的整体提升，还需要在统一架构的基础上更好地发挥基层组织建设合力。要进一步发挥好基层教学组织的作用，在学科、专业、课程建设过程中统一规划、统一部署，在坚持共性的基础上，更好地发挥各教师的主动性、积极性，以已有审核评估及专业认证等结果为导向，推动教育教学审核评估向纵深推进，将各种审核评价指标与思维嵌入教育教学全过程，使结果评价

① 张继明：我国高校本科教学改革的审视与现代化治理路径——基于20余年来改革历程与治理模式的分析，《高校教育管理》，2020年第4期，第122页。

成为教育教学的一部分。

二、实现各类评估同审核评估有效衔接

国内外现有评估类型从不同维度体现了社会各界对教育教学的重视，各类教育教学评价、排名成为考生、家长、用人单位认识、选择高校的重要参考。各类评估对教育教学审核评估提出了挑战，也督促高校在日益公开化、透明化、多元化的评估评价机制中找准自我定位，不断提升教育教学能力，思考如何更好地实现各类评估之间的衔接。

一是充分借鉴国内外各类评估结果对本科教育教学质量提升的督促作用。我国在教育领域开展评估已有几十年历史，不同时期评估关注的重点不同，全国性、大规模的评估进行了两轮，分别是 2003—2008 年的普通高校本科教学工作水平评估和 2013—2018 年的普通高校教学工作审核评估[①]。两轮评估推动了我国教育教学质量的提升，积累了丰富经验，对保证高等教育质量、完善教育教学评估体系奠定了重要基础。新一轮审核评估在前几轮评估经验的基础上，进一步修改完善了评估指标，并对以往评估中存在的各种问题进行了处理。当前，国内外有众多类型的排名，中国自主进行的排名如软科版、ABC 版（即原 CNUR）版、武书连版、校友会版和武汉大学中国科教评价网版等。国外大学排名如英国泰晤士高等教育世界大学排名、英国 QS 世界大学排名、美国 U.S. News 世界大学排名等。这些排名都需要专业学科的数据做支撑，看似各异的评估结果其实内在存在一定关联。这些排名的共同特点是主要由民间机构主导，而我国官方发布的涉及学科的排名主要基于教育部学科评估，这些都为社会各界认识、评价学校学科实力和整体办学水平提供了重要参考。要充分比较、分析、利用各类评价结果，既不盲目迷信评价排名，也不能完全忽视。要以评价结果为牵引，不断检视自身教育教学中存在的问题，同时结合教育教学审核评估的要求持续进行改进，提升教育教学能力和水平。

---

① 别敦荣：新一轮普通高校本科教育教学审核评估方案的特点、特色和亮点，《中国高教研究》，2021年第 3 期，第 10 页。

二是充分认识各类评估中体现的本科教育教学中存在的不足。当前，针对高校本科教育教学质量的评估系统不一，存在较大差别。这就需要高校理性认识评估要求及评估结果，根据评估要求及结果有序进行学校学科、专业建设。专业建设结构的合理性一直是教育教学审核评估中专家关注的重要问题，专家也多次提出改进建议。据统计，上一轮审核评估"教学资源"审核项目中，专家组对 78.15%的高校的专业设置与培养方案提出了需要改进或必须整改之处①。大量学校存在专业建设贪大求全现象，专业建设缺乏规划、随意设置，部分专业缺乏学科支撑，师资力量配备不足，教育教学质量不强，存在专业设置过多，同学校行业特色或学科专业结构不相适应。部分学科设置同经济社会发展严重脱钩，毕业生就业率低，在各类评估中不能达到基本要求。学校应该充分认识到评估中呈现出的各类问题，在评估改进中不断进行调整、调试，改善教育教学质量，实现各类评估效果的贯通。

三是探索将各类评估结果应用于教育教学改革实践。高等学校要着力建立评价牵引推动机制，将外部评价机构与内部质量保障组织的力量整合起来，通过紧盯评价指挥棒，牵引本科管理、教育教学、教育学术研究、学生学习，形成二级牵引结构②。要以本科教育教学审核评估为牵引，推动高校内部教育教学建设，发挥好教育评价机制的牵引推动作用。以评估理念引领推动教育教学评价改革，将一般意义上的"改进"提升到"改革"，在力度上有了更大的提升，对教育教学评估的整体性、系统性有了更高要求。新一轮审核评估在已有评估机制基础上重点在五个层面做了改进，强化了结论反馈制度、限期整改制度、推广引领制度、督导复查制度、底线问责制度③。通过结论反馈高校能清楚地了解自身的优势与不足；通过限期整改可以给高校一定的改进空间，同时提高其改进的紧迫感；通过推广引领能更好地表彰优秀高校，提升被表彰高

---

① 陆根书，贾小娟，李珍艳，牛梦虎，徐菲：全国普通高校本科教学工作审核评估：成效、问题与发展策略，《大学教育科学》，2020 年第 2 期，第 94 页。

② 刘云生：新一轮普通高等学校本科教育教学审核评估：向度分析与学校策略，《教育发展研究》，2021 年第 19 期，第 15 页。

③ 刘云生：新一轮普通高等学校本科教育教学审核评估：向度分析与学校策略，《教育发展研究》，2021 年第 19 期，第 14 页。

校的认同感，为其他高校本科教育教学质量的提升提供参考借鉴；通过督导复查可以进一步督促高校进行持续整改，增加教育教学质量提升的外在约束力；通过底线问责能够更好地利用利益关联的方式将各高校之间的发展同审核评估结果直接挂钩，提高高校对教育教学的重视程度。要进一步探讨各评估结果之间持续挂钩的机制，实现制度协同、评价协同，提升教育教学评估结果的认可度。

第四节　实现审核评估标准与价值的融合

新一轮审核评估在评估标准方面发生一定变化，相比于之前几轮评估的要求，更加重视教育教学过程中立德树人成效的建设，将立德树人纳入教育教学全过程，将其作为评价高校本科教育教学成效的基本标准。新一轮审核评估突出教育教学评价中审核评估与社会主义核心价值观培育的融合，强调融合将价值观教育和学生专业知识传授相结合，提升教育教学质量和水平，推动教育教学向纵深发展。

一、将立德树人价值导向融入评估全过程

理念是行动的先导，是指导本科教育教学审核评估有效运行的重要指引。新一轮审核评估重视教育教学理念的转变，通过理念指导行动，推动教育教学改革，将立德树人价值导向融入教育教学评估的全过程，提升教育教学质量，推动教育教学改革和建设向纵深推进。

一是树立立德树人、德育为先的理念。党的十八大以来，国家高度重视发挥立德树人作用，将立德树人状况作为评价高等教育的重要标准。《普通高等学校本科教育教学审核评估实施方案（2021—2025 年）》在基本原则中强调，"坚持立德树人。把牢社会主义办学方向，构建以立德树人成效为根本标准的评估体系，加强对学校办学方向、育人过程、学生发展、质量保障体系等方面的审核，引导高校构建'三全育人'格局"。在《普通高等学校本科教育教学

审核评估指标体系（试行）》中强调，"学校坚持社会主义办学方向、贯彻落实立德树人根本任务、把立德树人成效作为检验学校一切工作的根本标准情况"。近年来，随着互联网技术的不断发展，国内外交流增多，学生获取信息的渠道更加多元，各类文化不断交织碰撞。高校受到的冲击尤为严重，多元文化、价值观念充满高校教育空间，给高校教育教学带来挑战。学校在教育教学过程中如何平衡好教学和科研，在教育教学评价中如何平衡好论文、项目、称号等各种指标，在师德师风方面如何进行监督落实，如何强化思政课立德树人作用，如何发挥好课程思政作用，如何平衡好思政课程和课程思政关系，如何通过日常思想政治教育引导学生树立正确的世界观、人生观、价值观都是迫切需要解决的问题。高校需要紧跟国内外教育教学环境的变化，不断调整教育教学方式，从教育教学实际出发，坚持党的领导，加强学生理想信念教育，坚持师德师风建设，加强思想政治理论课教师队伍和思政课程建设，强化日常思想政治教育，加强课程思政建设，培育学生正确的世界观、人生观、价值观作为提升本科教育教学质量的重要举措，应对调整教育实践中面临的各种新情况、新问题。

二是树立"以本为本""四个回归"理念。党的十八大以来，国家对本科教育质量的重视程度进一步提升，2018年教育部召开新时代全国高等学校本科教育工作会议，强调坚持"以本为本"，推进"四个回归"，建设中国特色、世界水平的一流本科教育，对本科教育的职能定位进行了重新规范"以本为本"是指高校应把本科教育放在人才培养的核心地位、教育教学的基础地位，新时代教育发展的前沿地位；"四个回归"即"回归常识、回归本分、回归初心、回归梦想"。回归常识，就是学生要刻苦读书学习；回归本分，就是教师要潜心教书育人；回归初心，就是高等学校要倾心培养建设者和接班人；回归梦想，就是高等教育要倾力实现教育报国梦、教育强国梦。《普通高等学校本科教育教学审核评估实施方案（2021—2025年）》强调，"全面落实立德树人根本任务，坚决破除'五唯'顽瘴痼疾，扭转不科学教育评价导向，确保人才培养中心地位和本科教育教学核心地位""坚持推进改革。紧扣本科教育教学改革主线，落实'以本为本''四个回归'，强化学生中心、产出导向、持续改进，以评估理念引领改革、以评估举措落实改革、以评估标准检验改革，实现高质量内涵式发展"。再次对本科教育教学质量的提升作出了规范。当前，国内外高等教育竞争越发激烈，对高校的评估评价方式更加多样化，部分高校在各种评价排名的影响下，更注重科研工作，教师也将科研工作看作是容易出成绩的环节，而对相对出成绩慢、难以量化的教学环节关注不足，部分学校存在重科研轻教学的现象，甚至部分教师将教学当成一种负担，对待教学态度不认真，教学投入时间少，教学方式方法传统，教学思考建设不足，忽视教学质量的提升，制约高校本科教育教学质量的提升。本科教育教学"四个回归"分别从学生、教师、学校、社会等四个层面提出了要求。从学生方面看，要回归常识。学生应该树立起刻苦学习的基本意识，要在大学期间树立崇高的理想，并为理想的实现不断努力，提升自身素质和能力，避免"辛苦的高中，快乐的大学"等状态影响本科学习质量。从教师方面看，要回归本分。教师的天职是教书育人，把教师教书育人情况作为基本评价标准，在教书育人的基础上，发挥好科研的提升功能，而不能只搞科研不搞教学，脱离教师的基本职责与义务。从学校方面看，要回归初心。学校要不断深化教育教学改革，改进教育教学方式，提高教育教学投入，改善软硬件条件，努力将社会需求与教育实际联系起来，提高高校服务经济社会的能力。从社会层面看，要回归梦想。从教育强国、科技强国、人才强国等角度出发，探讨如何提升人才培养质量，改善高等教育面貌，建设高等教育强国，为国家发展提供更多的人才储备和智力支撑。在本科教育教学审核评估中，从制度规范、政策落实、方法改革、指标规范等角度出发，加强本科教育教学质量提升，使本科教育更多地为经济社会发展赋能。

三是树立学生中心、产出导向、持续改进理念。新一轮审核评估遵循"突出学生中心、突出产出导向、突出持续改进"的理念。在《普通高等学校本科专业类教学质量国家标准》研制过程中明确指出，突出学生中心：注重激发学生的学习兴趣和潜能，创新形式、改革教法、强化实践，推动本科教学从"教得好"向"学得好"转变。突出产出导向：主动对接经济社会发展需求，科学合理设定人才培养目标，完善人才培养方案，优化课程设置，更新教学内容，切实提高人才培养的目标达成度、社会适应度、条件保障度、质保有效度和结果满意度。突出持续改进：强调教学工作要建立学校质量保障体系，要把常态监测与定期评估有机结合起来，及时评价、及时反馈、持续改进，推动人才培养质量不断提升。本科教育坚持立德树人，其中的"人"强调的主要是学生，也就是说，高校本科教育首先应该突出人的作用。突出教育教学对学生发展的影响，以学生为中心，不断通过各种方式激发学生学习的兴趣、爱好，提升学生学习的主观能动性，在教育教学过程中通过教育方法的改善，发现教育教学中存在的各种问题，通过多渠道改变现有不足，不仅将教学集中到如何教方面，更重要的是通过教，引导学生如何学，通过教学相长，提升教育教学质量，提升学生自主学习的能力，既传授知识，又培养能力。本科教育要面向社会。新一轮审核评估特别把评估高校分成不同类别，给高校自主选择定位的机会，其中第二类审核评估中专门将高校分为以学术型人才培养为主和以应用型人才培养为主。这就要求高校要承担起服务经济社会的责任，以社会需求为导向，在教学大纲、课程设置、教学内容等方面满足经济社会对人才的需求。本科教育教学质量评价同经济社会发展需求相一致，并一直处于不断变化发展的过程之中。经济社会发展应该成为高等教育变化发展的重要支撑，并在发展过程中体现对高等教育的最新发展需求。要对教育教学质量进行持续跟踪，进行持续优化反馈，不断提升监测力度和评估水平，将教育教学评估置于教育教学建设的全过程。

二、以系统思维统筹推进审核评估

本科教育教学审核评估需要以系统思维有序推动评估各环节的改革。新一轮审核评估在评估方针上实现了质的变化，由第一轮审核评估的"以评促建，以评促改，以评促管，评建结合，重在建设"的20字方针修改为"以评促建，以评促改，以评促管，以评促强"16字方针[①]，表明更加注重从整体上看待高校教育教学评价，特别是强调"以评促强"，将评估看成更好地推动教育教学质量提升的重要支撑。要不断加强教育教学的内涵建设，以系统思维统筹教育教学改革，不断提升教育教学改革的整体性、协同性，以开放有序的方

---

① 韩伏彬，董建梅：新主题 新特点 新变化——教育部《普通高等学校本科教育教学审核评估实施方案（2021—2025年）》精神解读，《红河学院学报》，2022年第3期，第142页。

式推动本科教育教学改革和评价取得实效。

一是以统一架构一体化推进本科教育教学改革。本科教育教学是一个整体，需要从整体上推进教育教学工作。系统思维是一种逻辑抽象能力，也可以称为整体观、全局观。简单来说，系统思维就是人们运用系统观点，把对象互相联系的各个方面及其结构和功能进行系统认识的一种思维方法。系统思维具有整体性、结构性、立体性、动态性、综合性等特点。要将事物看作一个统一的整体，从整体角度看待问题。当前，我国高等教育改革已经进入新阶段，教育教学成效不断取得新突破，但也应该看到，现阶段教育教学改革进入深水区、攻坚期，面临的问题、挑战不断增多，需要下大力气进行调整改变。一方面，要从宏观架构统筹教育教学改革。要明确高校办学主体地位，科学界定学校办学定位，整合各类资源，为人才培养提供整体性方案，着重处理好"六大关系"，即学校办学定位与服务面向的耦合、内涵发展与特色发展的融合、教育教学改革顶层政策设计与分层政策规划如学科专业发展和师资队伍建设等规划的对接、学校政策统一性与学院具体情况差异性的协调、改革的中长期政策与短期政策的配合、教学与科研的平衡等[①]。新一轮审核评估增加了高校定位自主选择部分，高校可以根据自身情况选择是学术型还是应用型，并根据自身定位开展教育教学改革。另一方面，根据高等教育规律不断优化人才培养方案。本科教育教学必须遵循教育教学的基本规律，从教育持续、稳定、健康发展的维度思考问题。要保证审核评估方案能反映高等教育规律，不仅同经济社会发展相适应，还要与学生发展的需求相协调。要从高质量内涵发展的角度出发，转变发展方式，狠抓学科专业结构优化和质量提升，进一步深化教育教学改革，推进课堂革命，革除传统教学的弊端，建构适应新时代高等教育发展要求的人才培养体系[②]，不断实现高等教育质量由内到外的整体性、协同性发展。

二是以多元协同推进本科教育教学评价。本科教育教学涉及统一体系下

① 王静：新一轮审核评估视域下的本科教育教学改革：目标、动力和路径，《扬州大学学报（高教研究版）》，2022 年第 4 期，第 41 页。

② 别敦荣：新一轮普通高校本科教育教学审核评估方案的特点、特色和亮点，《中国高教研究》，2021年第 3 期，第 8 页。

的诸多不同方面，需要通过协同发展的方式将不同要素关联起来。"协同"一词来自古希腊语，意为"协调合作之学"①，是指"在复杂大系统内，各子系统的协同行为产生出超越各要素自身的单独作用，从而形成整个系统的统一作用和联合作用②。协同是各方面密切配合完成共同任务的一种方式，主要包括协同作用、序参量、伺服原理等③组成部分。在本科教育教学过程中，需要不断调整各关联因素，将各部分协同起来，实现高等教育协同发展。从字面意思看，协同发展包括三个部分，即"协""同""发展"，其中"协"与"同"既是过程也是结果，是一个完整的闭环体系。协同发展是一个动态的过程，根据教育教学中不同要素的差异性，分门别类地进行发展，实现教育教学效果的有效提升。在教育教学过程中要构建多元化的教育评价指标，通过学科体系的融合建立专业的融合化体系，不断打破学科之间壁垒，加强学科交叉融合。要充分利用各种手段实现精准育人，一方面分析当前教育教学过程中面临的各种问题，有针对性地加以解决；另一方面，着力构建协同育人机制，形成教书育人、科研育人、实践育人、管理育人、服务育人、文化育人、组织育人长效机制。充分发挥教育教学关联部门之间的协同合作，将教务部门、学生工作管理部门、宣传部门、保卫部门、信息化建设部门等关联起来，构建学生一体化信息管理系统，通过对学生日常行为的监管和规范，引导学生树立良好的学习、生活习惯，发挥各部门的作用，及时发现学校教育教学中的各种问题，实现部门协同与共同发展。

三是以开放创新有序推动本科教育教学审核评估。本科教育是高等教育的基石，高校应该高度重视本科教育教学工作。尤其是在对外开放不断扩大，同海外教育交流不断加强的前提下，积极学习海外本科教育教学有益经验，积极进行我国本科教育教学改革与创新就成为重要内容。教育教学改革本身就是一项开放的命题，同时也是一项创新的命题。审核评估将人才培养目标的达

---

① 王得新：我国区域协同发展的协同学分析——兼论京津冀协同发展，《河北经贸大学学报》，2016年第3期，第96页。

② Hermann Haken. Synergetics. Berlin: Springer, 1978.

③ 李琳，刘莹：区域经济协同发展的驱动机制探析，《当代经济研究》，2015年第5期，第68页。

成度和适应度作为审核重点，因此，学校要在主动向社会、向市场、向政府等开放过程中进行教育教学的创新性改革①。新一轮审核评估指标的设置不但注重学生在校期间的教育教学质量，还注重对用人单位、学校、学生的评价，并且根据学生毕业一定时间后对学校教育的反馈等进行评价。因此，学校要全方位地探索扩大教育教学改革重点。要加强与用人单位联系。学生的就业状况是评判本科教育教学的重要窗口，是学校的重要"出口"导向。学校的教育教学最终都要落实到对学生能力的培养上，而就业能力就是学生需要掌握的基本能力之一。当前，高校本科教育同企业及社会需求存在一定脱节，学校教学内容在一定程度上滞后于企业及社会需求，这就造成学校教育的时效性及针对性同社会需求存在差距，需要在学校教育过程中及时针对企业社会需求加以补充完善。要加强校企联合，通过增加学生实习实践机会及聘请企业导师、开展专题讲座、企业参观学习等多种方式让学生了解社会最新需求，增加学习的针对性。要加强实践育人平台建设。学校要积极开拓学生实习实践平台，通过实习实践课程的设置和产学研结合方式，让学生具备更多创新实践能力。要强化国家间合作，推动高等教育审核评估同国际接轨。教育教学能力的提升一方面要靠自身的制度设计与实践，另一方面要靠不断学习改进。要积极加强与高等教育强国交流，积极学习借鉴高等教育强国在激发、培育学生创新创造能力等方面的经验，及时对国内本科教育教学进行改革，培育学生处理好学习、研究、创新之间的关系，不断提升自身适应经济社会发展的能力。

---

① 王静：新一轮审核评估视域下的本科教育教学改革：目标、动力和路径，《扬州大学学报（高教研究版）》，2022 年第 4 期，第 41 页。

第十章

高校本科教育教学审核评估的思考与展望

高校本科教育教学审核评估是国内外面临的共性问题，在教育教学不断推进的过程中，如何确保通过评估方式正确反映教育教学中存在的问题，并在评估整改后持续推动高等教育健康、高效、稳定发展是需要思考的重要问题。当前，我国已经深度融入经济全球化进程中，高等教育全球化也成为我国全球化的一部分，高校需要在发展过程中充分吸收借鉴西方发达国家高等教育的经验，对其可能的发展趋势进行研判，并对中国未来高等教育教学审核评估进行方向性研判，助推中国高等教育高效有序发展。

第一节　境外高等教育教学评估的基本趋向

境外高等教育在审核评估方面注重通过专业化建设推动评估有效开展，通过体系建设、结构建设、流程建设，审核评估过程逐渐走向正规化，审核评估体系逐渐完善，为我国高等教育教学审核评估提供了可供参考借鉴的模式，对把握高等教育教学改革方向，提升高等教育建设成效有重要参考意义。我国高等教育审核评估体系建设充分借鉴了英国高等教育质量保障经验，并在此基础上不断改进、完善、提升。

一、注重审核评估体系的完整性

审核评估不是一个单一事项，而是由诸多事项组成的审核评估指标综合体。在这个过程中，通过一系列细化指标规范教育教学全过程，最终目的是通过教育教学审核评估提升学校教育教学质量。各国家和地区高等教育机构都注重从体系架构的建设方面完善审核评估体系。以英国为例，其在长时间的高等教育自治过程中逐渐形成了较为成熟的内部质量保障体系，这一体系的形成经历了一系列演变过程。第二次世界大战以后至 1955 年，英国大学教育质量实行自主管理，大学以外的多科性技术学院（Polytechnic）教育质量通过其学位课程由伦敦大学进行校外考试来获得保证。1955 年，英国国家技术文凭授予委员会（NCTA）成立，多科性技术学院的教育质量保障通过 NCTA 认可课程来进行。从 1964 年到 1992 年，英国大学以外的高等教育机构的教育质量主要由全国学位授予委员会（CNAA）来进行监控。1992 年到 1997 年，英国的高等教育质量保障由高等教育基金委员会（HEFC）和高等教育质量委员会（HEQC）实施。1997 年到 2002 年，英国的高等教育质量保障由高等教育质量保证署（QAA）负责，进行大规模的学科评估、院校评估①。QAA 为高等教育机构的发展作出指导和提供支持，其工作主要包括评估服务、信息咨询、指导沟通、理论研究等方面；其质量保障体系主要包括自主决定自身发展中的具体事务，同时对教育质量负责。通过一系列内部规章制度的制定及学术标准、质量标准的建设，并定期从学校和学院层面进行评估。同时，通过校外监督体系的建设推动内部自我完善和提升。通过实施听课制度，不断进行课堂质量提升。此外，QAA 还通过搜集整理教师、学生、用人单位等信息反馈，推动高校内部教学管理质量的改善与提升②。英国高等教育院校审核的重点不是审核院校高等教育质量本身，而是集中于评估高等教育院校内部教育质量保障机制的有效性。

　　香港高等教育质素核证③也非常注重体系建设，在审核评估中不仅设有审核机构与被审核机构的提前沟通环节，还有针对高校评估的结论反馈，同时督促被审核高校在评估之后提交质量提升报告。在审核过程中，香港高等教育质素核证还设置了审核协调员，协调审核机构、高校和审核小组之间的沟通，提

　　① 黄启兵：本科教学审核评估的制度分析，《高教学刊》，2015 年第 24 期，第 44 页。

　　② 陈敬良，刘苹苹：《高等学校本科教学工作审核评估的理论与实践》，上海：华东师范大学出版社，2020 年，第 211 页。

　　③ 质素核证是香港高等教育质量保证体系中的核心机制，主要检视高校是否有适合其既定目标的保障程序，是否采取举措并投入资源以达到这些目标，以及是否有确凿的证据表明目标得以逐步实现。

升了审核效率，减少了审核过程中的各种问题。这些举措的实施使香港高等教育评估处于一个较为完整的体系中，确保了各环节之间都能高效有序地衔接到一起，保证了香港高等教育的高质量发展，在全球各大机构的高校排名和学科排名中，香港高校排名不断提升，为内地高校审核评估机制的改进和完善提供了重要借鉴。

二、注重审核评估机构的专业化

很多国家和地区高校都重视审核评估的专业化，为降低评估的主观性，在审核评估专家的选择等方面更加强调其专业性。中国台湾地区为审核评估专家规划了一系列的培训课程，其中三门必修课程分别为"评鉴伦理与实务""评鉴报告撰写""学生学习成效"。日本高等教育评估所也要求所有的评估专家接受培训，培训内容包括评估大纲和评估标准、文件审查与实地调查的实施方法、调查报告的撰写等[①]。这就存在因评估专家专业水平参差不齐，而影响专业评估结论与专业评估效果的可能性。中国台湾等地的评估还特别强调评估结果的公正性，为此进行了一系列制度规划，如在高等教育评估机构中增加了审核评估申诉机制，参评高校可根据审核评估过程中出现的各种"违反程序"等问题进行申诉。评估组织机构会根据学校申诉情况组织复议，处理学校申诉情况。中国香港等地在评估过程中还特别注意评估过程中资料提供的准确性，要求参评高校提供的所有佐证材料都要证明所提供参评材料的重要性，并明确其与参评指标的关联性。本科教育教学审核评估要摆脱过于依靠资料和经验进行评价的弊端，在进行资料审核的过程中加入循证评估理念，从不同角度佐证审核评估资料的权威性、准确性，更多地用证据说话，用事实说话。

英国高校审核评估机构也注重工作的专业化，一方面在机构设置上 QAA 具有设置独立性和运行专业性等特点，在平衡政府、高校、社会三者之间关系方面发挥缓冲作用。另一方面，QAA 注重组成人员的专业性，不论是人员选

---

① 李志义，王会来，别敦荣，郝莉，陆根书：我国新一轮本科教育评估的国际坐标，《中国大学教学》，2019 年第 1 期，第 37 页。

拔还是任用都注重程序的合理性。参与高校审核评估的人员大多是高校专业人员，评估人员的选择需要高校的确认，需要面向社会进行公示，同时根据评估学校的差异性不断调整评估专家。注意考虑评估主要受众高校学生群体的诉求，适合英国高等教育的特征。QAA 还注重对参与评估的专家的适时培训，通过提升培训人员能力来保证教育评估专业化队伍的建设。中国香港自成立高等教育质素保证局以来，尊重高校自主及自我认证，持续推进中国香港高校教育教学方法及学生学习效果的提升。中国香港高等教育机构注重专家队伍的专业化建设，一方面实行专家注册和同行评议制度，可以确保评估专家来源的多元化和专业化；另一方面，注重对审核评估专家的业务培训，确保专家在审核评估过程中能够公平公正地进行评估，并发挥作用①。从国际大趋势来看，境外高校越来越重视高等教育教学审核评估的专业化，纷纷通过成立专门评估机构的方式推进评估开展，同时通过加强评估专家培训等方式充实评估机构，不断提升高等教育质量水平。

三、注重审核评估过程的流程化

境外在高等教育审核评估的建设过程中逐步形成了较为体系化的程序，评估过程逐渐流程化。以韩国为例，其高校评估根据阶段不同，细化为不同的流程，韩国的四年制大学"院校认证"根据认证结果的不同对高校采取"一般性监测""一年后评估""两年内评估"等不同的评估周期；韩国的"大学结构改革"则设计两阶段评估，第一阶段评估中成绩较好的学校不需要接受第二阶段评估，其余高校则须接受第二阶段评估，第一阶段评估更多采用量化的标准，而第二阶段评估则更多采用质性标准②。高校发展差异性较大是影响大规模进行教育教学审核评估的重要因素，对不同高校很难采取统一的评估指标，

① 陈敬良，刘苹苹：《高等学校本科教学工作审核评估的理论与实践》，上海：华东师范大学出版社，2020 年，第 209-210 页。

② 李志义，王会来，别敦荣，郝莉，陆根书：我国新一轮本科教育评估的国际坐标，《中国大学教学》，2019 年第 1 期，第 37 页。

境外在规范评估流程的同时，注重评估方式的灵活性，在保证公平公正的同时，构建个性化评估指标，在发展过程中逐渐形成了适应自身情况的评估机制。如日本开展的"大学院校认证评估"在评估结果公布后会持续跟踪受评估高校，以评判其整改状况，并在网络发布评估跟踪整改结果。英国等欧洲国家也注重评估的"半程跟踪"，在公布评估结果后持续跟踪被评估高校的整改状况，这些都成为审核评估正规化、程序化、流程化的一种表现，通过规定不同步骤的注意事项，有助于高校更好地从教育教学实际出发，改进评估流程，更好地推动本科教育质量的提升。

英国高校在推动审核评估流程化方面进行了较多有益探索，在保证评估顺利进行的情况下，评估流程逐渐正规化，推动了教育教学效果的提升。如确立了教育机构、审核机构在内的审核准备环节，明确相关准备工作的具体内容；在审核环节上明确简单审核和正式审核的进校审核流程，使高校有提前准备时间；根据国家教育发展需求确立审核评估的基本内容框架；根据高校总体发展趋势和实际审核状况提出明确的整改建议；不断根据经济社会发展和高等教育建设实际，修改审核评估指标和评估指导手册，使参评高校能够与时俱进地不断推动教育教学改革。这些流程化的举措既获得了参评高校和社会的认可，又促使高校教育教学评估逐渐走向正轨。中国香港的高等教育评估采取了基于"目标—部署—结果—提高"的审核程序，包括准备阶段、初审阶段、现场审核、报告反馈阶段、后续阶段等五个评估环节[①]，在审核评估开始前明确高校及审核评估专家应该做什么准备，在初审时期应该注意什么问题，如何进行现场审核，现场审核应该注意的内容，审核评估后如何完成评估报告，如何对高校进行反馈，反馈完成后如何进行持续改进。通过不断明确细化评估流程，香港高校教育评估程序明确，流程合理，从入口至出口形成一个完整的闭环，保证了审核评估结果的科学、公正、合理。

---

① 陈敬良，刘苹苹：《高等学校本科教学工作审核评估的理论与实践》，上海：华东师范大学出版社，2020年，第210页。

四、注重审核评估反馈的实时性

审核评估的反馈状况对高校教育教学的改进有重要指引。各国家和地区在审核评估的反馈方面存在一定差异。美国在审核评估结果反馈的过程中注重二次评估机制的建设。一般来说，审核评估结果对美国高校影响较大，因为其是大学和课程项目能否获得美国联邦政府和州政府经费赞助的重要依据，美国的审核评估机构往往在其中扮演着"把关人"的角色。但美国的评估更多关注硬件，而对学生发展的重视相对不足。之后随着经济社会发展要求的提升，美国高等教育质量评估在充分尊重高校资质和学术自由的基础上，通过政府引领和全国性评估机构的不断完善，提升了评估反馈的及时性，高校在社会各界的监督下更加注重过程评估反映的各种问题，以降低评估反馈不及时带来的负面影响①。英国高等教育管理机构基于对参评院校内部质量保障体系与机制建设实际，对参评高校的评估结果进行反馈，形成反馈报告，并对高校发展和建设提出具体整改意见，包括必要性意见、建设性意见和期望性意见，对高校下一步发展提出针对性建议。还通过对高校管理建设现状的评估，对高校现状作出"有信心""有限信心""不信任"等审核评估结果，通过评估结果为政府对于高校的经费支持提出建议。

中国香港高校在审核评估反馈方面建设也较为完善，通过借鉴其他国家和地区经验逐渐形成同审核评估结果相适应的经费划拨机制。香港的高等教育质素核证评估强调资金资助同评估结果之间的关系，从一开始就明确质素核证结果将与高校资金资助挂钩，这就为高校建设指明了方向，高校如果不重视审核评估或者审核评估结果不佳，出现的问题较多，则可能影响高校教育经费划拨，这就无形增加了高校压力，提升日常建设的主动性、积极性，督促高校投入更多力量对待教育教学质量提升。从高等教育强国的发展逻辑来看，尽管审核评估方式有所不同，但审核评估结果都是反映高校教育教学建设状况

---

① 夏季亭，帅相志，宋伯宁：《普通高校本科教学评估成效与改革取向》，北京：科学出版社，2012 年，第 150 页。

的重要指标，在现行指标不可能符合所有学校实际的情况下，现有评估结果成为衡量高校教育教学质量的基本参考。高等教育国际化水平的提升，促使高校更多地从教育教学实际出发，从提升教学质量、改进教学方法、改革教学支撑等方面转变思维逻辑，也要求评估机构加强同高校之间联系，主动帮助高校发现问题，并反馈问题，参评高校不应仅从经费获取方面认识审核评估，更应把审核评估作为高校使命的重要组成部分，及时改进、有效变革，推动高校教育教学质量的持续提升。

第二节　我国本科教育教学审核评估的未来走向

从我国历次针对高等教育的审核评估来看，其同经济社会发展状况密切相关，逐步从教学领域拓展到教育教学，更加注重从宏观角度看待高等教育。新一轮审核评估在前几轮评估的基础上有了较大改进，不论是在评估方式，还是评估指标上都更加具象化，更加注重通过信息技术的运用实现审核评估的与时俱进。未来，高校本科教育教学审核评估可能在评估体系的完善性、内部质量保障体系的健全、第三方评价的建设、学生发展的重视程度、技术变革的关注度等方面加以推进，以提升教育教学质量和水平。

一、评估体系更加完善，分类评估导向更加鲜明

教育教学审核评估同经济社会发展状况密切相关，不同发展阶段面临的问题不同，进行教育评价的方式方法也存在差距。新一轮审核评估的核心特点是分类评估。从上一轮审核评估的基本状况看，2013—2018 年，共计对 650 余所高校进行了评估，成效较为明显，提出了本科教学评估的中国标准和方案；推动了高校本科教学改革；实行了"管办评分离"，促进了多元主体参与；推动了本科教育跨省交流；完善了中国特色高等教育质量常态监测国家大数

据平台；相对完善了评估体系①。但仍存在一定问题，如对所有高校都采用相同的评估范围，没有根据不同层次、不同类型高校设计不同的评估范围等②。新一轮审核评估在总结以往历次评估经验的基础上着重强调分类评估，将参与审核评估的高校划分为"两类四种"，并分别提出了差异化的评估方案。明确提出根据高等教育整体布局结构和高校办学定位、服务面向、发展实际，本轮审核评估分为两大类。高校可根据大学章程和发展规划，综合考虑各自办学定位、人才培养目标和质量保障体系建设情况等进行自主选择。分类评估，从不同高校发展的现实出发，为高校自主选择、定位提供了参考，高校可以更加积极主动地根据自身发展状况设定发展目标，通过评估助推教育教学效果的提升。

分类评估是本科教育教学审核评估的一大重要突破，解决了多年来针对评估"一刀切"的弊端，实现了评估的差异化选择。但分类评估不等同于分级评估，不是传统地根据学校自身评估类型的选择将学校划分为不同等级。新一轮审核评估中的分类是在传统审核评估的基础上对高校选择评估种类的进一步划分，"两类四种"评估指标的设定，也通过学校自身定位的选择，明确了评估标准，高校可以根据自身定位明确发展方向，避免了之前评估根据结果划分等级、给学校贴标签的负面影响，学校可以将更多精力集中到教育教学建设本身上来，更好地推动内涵发展。新一轮审核评估中的分类评估为高校差异化发展指明了方向，从学校类型实际看，第一类高校主要集中于"双一流"建设大学，这些高校在评估指标的制定上要求更高，但指标的设置也相对更加宽泛，学校可以将更多精力集中于宏观发展的关键指标突破上。第二类高校数量多、范围广，分类评估的可行性更强，可以使高校避免传统的单一雷同发展模式，高校可以更好地根据自身发展实际、地方经济社会发展情况选择适合发展的模式。未来，高校教育教学发展的分类建设，教育教学审核评估的分类开展

---

① 陆根书，贾小娟，李珍艳，牛梦虎，徐菲：全国普通高校本科教学工作审核评估：成效、问题与发展策略，《大学教育科学》，2020年第2期，第90-96页。

② 余国江，孟雪楠：分类评估：普通高等学校本科教育教学审核评估（2021—2025年）的核心特征，《延边大学学报（社会科学版）》，2023年第3期，第103页。

将成为发展趋势，这既是在国家推动高等教育"管办评分离"背景下的教育实践，也是在总结已有审核评估经验基础上的模式创新，有助于高校真正将主业集中到教育教学的纵深发展上，推动教育教学的全面发展。

二、更加重视评价学校内部质量保障体系的建设

本科教育教学审核评估是一种典型的通过外部评估推动高校内部建设的评价方式，其目标是引导高校不断完善内部质量保障体系。新一轮审核评估由之前的"本科教学工作审核评估"转变为"教育教学审核评估"，虽然只增加了"教育"二字，但其包含的范围却有了扩大，由教学转变为教育教学，表明审核评估工作已经不仅集中于教学本身，还从教育教学的整体上衡量评价学校的本科工作，表明国家更加注重从体系架构的建设上来评判高校本科教育的内部建设。高校教育教学质量的提升，一方面依靠外部政策督促，但更重要的是通过内部建设发展提升教育质量。本科教育教学审核评估是一项制度安排，是政府部门主导的针对高校教育教学情况的一种监督、评价，并通过监督、评价将评估结果同政策支持、财政拨款、学科建设、专业建设、招生就业等关联起来。从之前评估的过程来看，政府是主体，高校是客体，高校在很多情况下是参与审核评估的对象。在这种情况下，评估中虽然强调高校要重视质量保障体系建设，现实中高校也在此方面投入了力量，但总体上，其内部质量保障体系建设的动力，主要是外部要求，即内部质量保障体系建设的目的不在于内部质量提升，而在于适应外部评估的要求，按照政府评估方案和评估标准的规定，高校被动地做些规定性和应对性工作[①]。

新一轮审核评估对高校教育教学内部质量的提升提出了更高要求，需要学校更多地从自身内部建设上实现变革。高校内部质量体系的建设实际是高校由过去过于关注速度、规模等外在感官数据，逐渐向关注集约型的内在、隐性数据转变的过程。新一轮审核评估更加强调教育教学参与度、专业设置合理

---

① 董圻希：本科教学审核评估对高校内部质量保障体系建设的启示，《现代教育管理》，2019 年第 6 期，第 57 页。

度、学生学习体验度等方面。从本轮教育教学审核评估看，高校内部质量保障体系建设状况成为高校适应新评价标准的重要支撑，各种纵向、横向数据的分析对比，各类教育资源、数据库的建设等都对教育教学建设提出新要求。要通过加强质量标准建设等方式不断提升教育教学水平。现行的标准体系相对庞杂，既有国家标准，也有行业标准，但高校教育教学通用标准建设相对滞后。从未来趋势看，高校应该在教育教学质量评价方面逐步构建通用标准，以教育部门制定的标准为高校建设的标准底线，各高校建设基于此的更高程度的标准，对高校的办学定位、发展目标、人才培养、师资队伍、课程建设等提出基本要求，并在此基础上不断修订完善。除基本的内部质量标准制定外，还应该加强质量标准的监控，监督高校根据各类标准提升自身建设实效。

三、落实"管办评分离"，激发高校参与评估主动性

从以往评估情况看，高等学校教育教学评估中存在的一大重要问题是学校处于较为被动的地位，学校一般作为被动参与者的身份参与评估。评估也多以教育部等政府部门为主导，这种自上而下的行政要求就造成评估本身具有行政主导性，主管部门需要通过评估等级体现评估效果，展现评估问题，呈现评估成效。部分对评估准备不足的高校为应对审核评估就不得不按照评估指标查漏补缺，部分高校为了满足评估要求甚至不惜进行造假，这就偏离了评估本身的目的和要求。我国在各轮评估中不断总结经验教训，尤其注重强调参与高校的主体地位，让高等教育教学评估回归高校本身。新一轮审核评估也注重高校本身的目标指向建设，要求用"自己尺子量自己"，这就表明高校教育教学审核评估不再是盲目地以行政指标衡量高校教育教学现状，而是以学校自身设定的指标来衡量自身建设成效。审核评估更多的是通过专家线上线下多维参与帮助学校发现问题、分析问题、解决问题，为学校发展把关，找到解决自身问题的办法。

以什么机构主导教育教学审核评估一直是评估过程中讨论的重要问题。一般来说，不同机构在主导评估的过程中都会存在各种各样的问题。教育部门主管高校在主导评估的过程中会存在"管办评"一体化状态，政府既是高等教

育的办学机构，又是高等教育的管理机构，还是高等教育的评价机构，在主导评估过程中不可避免地会存在指标制定过于理想化，同高校办学实际不相符等问题。现阶段，国家在高等教育中逐步推进"管办评分离"，引导第三方机构参与教育评估，通过第三方视角客观公正地对高校教育教学质量进行评价。2020年出台的《深化新时代教育评价改革总体方案》，在主要原则中强调，"充分发挥教育评价的指挥棒作用，引导确立科学的育人目标，确保教育正确发展方向。坚持问题导向，从党中央关心、群众关切、社会关注的问题入手，破立并举，推进教育评价关键领域改革取得实质性突破。坚持科学有效，改进结果评价，强化过程评价，探索增值评价，健全综合评价，充分利用信息技术，提高教育评价的科学性、专业性、客观性"。未来，高等教育审核评估将更加重视第三方作用，一方面，扎实推进"管办评分离"，明确审核评估的权责。在评估过程中明确政府、学校、企业、社会的权责边界，规范各方行为，确保在审核评估过程中既不缺位，又不越位，高效有序地推动高校教育教学实践。另一方面，进一步明确高校教育教学审核评估的技术规范和管理细则。评估部门应明晰审核评估各环节基本步骤，优化每个环节工作流程，明确高校需准备的基本材料和各部门衔接协调的基本程序，不断提升教育教学审核评估的效率和水平。

四、更加注重学生发展，强调定量定性评价结合

新一轮教育教学审核评估方案在基本原则中规定，坚持立德树人，将立德树人成效作为根本标准，强化学生中心、产出导向、持续改进，以评估理念引领改革、以评估举措落实改革、以评估标准检验改革，实现高质量内涵发展，进一步强调了学生发展。党的十八大以来，高等教育理念持续优化，强调本科教育要坚持"以本为本""四个回归"，要求高校要重视本科教育，将本科教育作为高等教育的基础，重视本科教育在推动高校战略全局发展中的重要性，引导本科教育反映高等教育基本需求。新一轮审核评估对高等教育进行了分类，对学生培养要求也实现了差异化，从参评学校类型看，应用型高校占比较大，这类高校的学生培养状况对教育教学质量的整体提升有重要影响。新一轮审

核评估对学生发展关注的重点主要集中于学生培养过程、培养成效和就业情况三个方面，关注学生在校期间实践能力的提升、应用能力的培养、就业质量等。但大部分学校在应用型人才培养方面还有较大提升空间，特别是在人才培养的精度等方面不能适应经济社会发展需求。需要通过拓宽专业培养口径，尊重学生个性发展，促进学科专业交叉融合，深入开展"学为中心"的教学改革，让学生在应用情景中面对现实的复杂问题，通过团队协作完成学习任务，从而促进知识体系的交叉融合，最终实现知识结构的系统整合与应用升华[①]。

本科教育从宏观维度关注立德树人状况，特别是要关注学生的获得感与成长状况。学生成长与发展相对于其他方面评价更加难以衡量，人才培养是一个长期过程。短期看，要关注学生在校期间的立竿见影的培养效果，从长远看，还要追踪学生毕业后的成长发展状况，要通过回访，了解学生对在校期间接受的教育的评价状况，实现从入口到出口的全链条跟踪。这就要求从定性和定量相结合的角度进行评价。新一轮审核评估指标就包括定性部分和定量部分，定性部分对高校教育教学状况有基本规范，明确从宏观角度需要实现哪些方面的突破，满足哪些方面的要求，这些指标一般较难用具体数据衡量，如立德树人实效、思想政治教育提升状况等。定量部分则从教育教学质量水平的提升角度对具体细节进行了规定，涉及教育教学的具体指标，如教学工作完成状况、学生就业率、教学奖项的突破等。当前，高等教育教学方式已经逐步由之前的以教师"教学"为中心，转变为当前的以学生"需求"为中心。高校从学生对知识、能力、思维等方面的需求角度出发，进行教育教学方式的转变，已经由外部的教向内在的学转变，更加注重学生学的获得感。未来，高等教育将逐渐向教学相长的新型师生关系转变，开放性、互动性的教育教学理念将不断深化教与学的深度，教学与需求之间的矛盾将逐步得到化解，以学生为中心的教育教学理念将在更大范围内得到推广和普及。

---

① 林妍梅：以新一轮审核评估推动应用型高校高质量发展的策略研究，《北京联合大学学报》，2024年第4期，第8页。

五、现代技术助推评估，实现教学评估减负增效

伴随着信息化技术的不断变革，高等教育信息化趋势日益明显。在以往历次评估中各高校已经开始重视信息技术的使用，从国家到地方逐渐形成了信息技术应用浪潮。教育部依托"高等教育质量监测国家数据平台"，运用信息和网络技术，每年在线采集所有本科高校的师资队伍、学生发展、教学条件、学科专业、课程建设、教学管理等教学基本状态数据，通过数据分析和挖掘，结合先进的统计分析模型，实现了高校人才培养质量的可表征、可量化和可比较[①]，为高等教育信息的整合、分析、传播提供了重要借鉴。新一轮审核评估对信息技术的使用有了更为明确的要求，不仅在评估原则中强调方法创新，通过互联网、大数据、人工智能等技术的应用，强化常态数据监测，还在本轮评估中突出了线上评估，强调线上评估和线下评估相结合，且将线上评估结果作为线下评估内容的重要依据。在数字化的赋能下，新一轮本科教育教学审核评估迈向了"云+数"的新阶段，实现了"云端考察""数中评估"，这是贯彻党的二十大精神、落实教育部教育数字化战略行动、顺应互联网和大数据时代高等教育发展趋势，实现审核评估信息化、数据化、智能化转型的具体行动[②]。

大数据技术的一大重要优势是可以通过海量信息进行精准预测，增加教育教学政策依据。新一轮审核评估通过各类指标的制定，借助数字化技术实现了对数据资源的深度挖掘和整合。新一轮审核评估在定性评价的基础上，进一步细化了定量指标，对高校的评判更加细致化，分类更加明确，提升了评价的精准性。自上一轮审核评估开始，国家数据平台建成并投入使用，通过信息技术实现了对高校日常教育环节的分析整理，新一轮审核评估在已有数据的基础上，加大了数据分析整理力度，通过数据挖掘，形成更多有价值的数据信息。从审核评估的执行来看，评估专家发挥了重要作用，如何科学地选择匹配的专

---

① 刘振天：现代高等教育评价体系建设：成效、经验及完善之路，《社会科学战线》，2021 年第 3 期，第 225 页。

② 王超，刘蓬，王广琨：数字化赋能新一轮本科教育教学审核评估：意义、现状与展望，《高教论坛》，2023 年第 11 期，第 64 页。

家成为一项重要问题。新一轮审核评估充分利用专家数据库，通过全流程的数字化管理，有助于实现评估专家的精准选派。各高校在参与评估的过程中，通过教育部门线上系统数据的填报和自身评估数据系统的建设有效助推了评估资料的整合，从短期看增加了高校数据整理的工作量，从长期看则有助于高校形成数字化、信息化思维，对高校教育教学质量的提升有一定推动作用，有助于更好地减轻高校下一轮审核评估准备的负担，提升高校教育教学质量，使高校将更多精力应用到关键教育教学指标的突破上。

后　记

本科教育教学审核评估作为高等教育质量保障体系的关键环节，在我国高等教育发展进程中起着举足轻重的作用。从其发展历程来看，我国高校本科教育教学审核评估从无到有、从初步探索到逐步成熟，每一阶段都紧密契合着时代发展的需求，不断推动着高等教育质量的提升。

在理论层面，我国高校本科教育教学审核评估不断吸收国际先进评估理念，结合本土教育实践，对高等教育教学审核评估的认识愈发全面科学，理论基础也日益丰富多元。从国际高等教育评估模式的借鉴，到国内评估理念的不断深化，从第四代评价理论、元评价理论到成果导向理论的引入与应用，都为高校本科教育教学审核评估工作提供了坚实的理论支撑，使其在实践中有了更明确的方向和更科学的方法。

在实践层面，高校本科教育教学审核评估在推动高等教育实现内涵式发展、适应教育评价改革新要求、改进现有评估体系等方面发挥了不可替代的作用。通过审核评估，高校更加明确自身的办学定位和发展方向，不断优化人才培养模式，提升教育教学质量，为国家和社会培养了大量高素质人才。同时，审核评估也促进了高校内部质量保障体系的建设，推动了高校本科教育教学改革的深入开展，使得高等教育更加适应社会发展的需求。

然而，我们也必须清醒地认识到，高校本科教育教学审核评估在实践过程中仍面临诸多挑战。在育人理念方面，部分高校参与评估的内在驱动力不足，过于依赖外在政策驱动，缺乏从教育教学发展角度推动评估的内在驱动力；同时，评估与社会需求的衔接不够紧密，高校对自身定位不够清晰，专业设置和课程体系与社会需求脱节，难以培养出满足社会需求的人才。在分类指导建设方面，虽然国家已逐步推行分类评估理念，但分类评估意识转变仍需时间，部分高校对分类评估的重要性认识不足，在实际操作中仍习惯于传统的普遍式评估；此外，分类建设在国家、地区和高校层面的推进还存在差异，部分高校在转型过程中面临诸多困难。在价值标准融合方面，教育实践与评估要求存在差距，部分高校对立德树人的落实不够到位，对评估指标的认知和实践存在偏差，过于注重量化指标，忽视了教育教学的本质；同时，教育价值理念更新不及时，对高等教育的国际化认识不足，对自我评估和持续整改的重视程度不够。在方法手段创新方面，教育信息化评估方法的运用还存在不足，高校之间信息化建设水平参差不齐，线上资源建设质量有待提高，且对学校教师学生的评估认知不够全面，评价体系有待进一步完善。

针对这些挑战，我国部分地区在本科教育教学审核评估实践中积累了宝贵的经验。在评估理念上，确立切合实际的评估理念，将立德树人、"以本为本""四个回归"等理念贯穿教育教学全过程；在政策保障上，出台一系列保障评估的政策文件，为评估工作提供制度支持；在参与主体上，推动高校各要素参与，形成教育教学合力；在内涵建设上，加强高校内涵建设，注重提升教育教学质量；在特色发展上，形成差异运行的参评特色，满足不同高校的发展需求。这些经验为其他地区和高校提供了有益的借鉴，有助于推动我国高校本科教育教学审核评估工作的整体发展。

高校本科教育教学审核评估是一项长期而系统的工程，对于我国高等教育的发展具有深远意义。在未来的发展中，应充分总结经验教训，积极应对挑战，不断完善评估体系和机制，推动我国高等教育事业持续健康发展，为实现教育强国目标提供坚实保障。

本书的编写除参考教育部教育质量评估中心在高等教育出版社出版的《普通高等学校本科教育教学审核评估（2021—2025年）工作指南》外，还参考了很多经典著作及国内外相关专家、学者的研究成果，在此深表感谢！重庆邮电大学马克思主义学院硕士研究生艾霜寅、陈月、徐忠艳帮助查阅了大量的文献资料，并完成了资料的收集和整理工作，参与了基本背景与演进历程等阶段性成果的撰写，在此深表感谢！本科教育教学审核评估是一个需要持续研究的重点领域，受个人学识和研究水平所限，本书中难免存在论述不到位、分析不透彻等不足之处；同时，因个人观点和观察问题的角度不同，本书中也难免出现一些谬误和不恰当之处，敬请各位专家学者和广大读者批评指正！

反侵权盗版声明

电子工业出版社依法对本作品享有专有出版权。任何未经权利人书面许可，复制、销售或通过信息网络传播本作品的行为；歪曲、篡改、剽窃本作品的行为，均违反《中华人民共和国著作权法》，其行为人应承担相应的民事责任和行政责任，构成犯罪的，将被依法追究刑事责任。

为了维护市场秩序，保护权利人的合法权益，我社将依法查处和打击侵权盗版的单位和个人。欢迎社会各界人士积极举报侵权盗版行为，本社将奖励举报有功人员，并保证举报人的信息不被泄露。

举报电话：（010）88254396；（010）88258888

传　　真：（010）88254397

E-mail：　dbqq@phei.com.cn

通信地址：北京市万寿路 173 信箱

　　　　　电子工业出版社总编办公室

邮　　编：100036